Weisheit im Märchen

Weisheit im Märchen
Herausgegeben von Theodor Seifert

Hans Jellouschek

Der Froschkönig

ICH LIEBE DICH,
WEIL ICH DICH BRAUCHE

KREUZ VERLAG

CIP-Kurztitelaufnahme der Deutschen Bibliothek

Jellouschek, Hans:
Der Froschkönig: ich liebe dich, weil ich dich brauche/
Hans Jellouschek. – 1. Aufl. –
Zürich: Kreuz-Verlag, 1985.
(Weisheit im Märchen)
ISBN 3-268-00020-7

1. Auflage
© Kreuz-Verlag AG Zürich 1985
Gestaltung: Hans Hug
Umschlagfoto: dpa
ISBN 3-268-00020-7

Inhalt

Vorwort
7

Der Froschkönig
11

Einleitung
17

Die »heile Welt« der Königstochter
20

Aufbruch
26

Die Fassade stürzt ein
29

Die dunkle Welt des Frosch-Prinzen
32

Prinz und Frosch –
zwei Seiten einer Medaille
35

Eine Beziehung entsteht
39

Liebe für Hilfe
46

Der »geheime Beziehungsvertrag«
52

Eine verpaßte Chance
56

Entwicklung kommt in Gang
59

Liebe aus schlechtem Gewissen
62

Ein hilfloser Helfer
68

Was Sex alles sein kann
73

»Spiele der Erwachsenen«
77

Die Verwandlung der Königstochter
83

Die Verwandlung des Frosches
88

Psychologische Scheidung
95

Neubeginn
101

Das Ganze im Fragment
109

Vorwort

Verliebte Paare erleben ihr Miteinander »wie im Märchen«. Sie meinen damit Innigkeit, Nähe, Verstehen und einfühlsame, zärtliche, leidenschaftliche Liebe. Liest man Märchen genau, so beginnen sie sehr selten mit einem solchen Zustand des Glücks. Prinz und Prinzessin finden sich erst nach langen und opferreichen Wanderungen, auf denen sie harte Mutproben bestehen und viel Geduld, Ausdauer und Tragfähigkeit beweisen müssen. Für die junge Prinzessin war es gewiß ein großer Schreck, plötzlich einem Frosch statt einem Königssohn gegenüberzustehen und diesen gar noch heiraten zu müssen. Sie steht plötzlich vor den Folgen ihres naiven und zugleich herausfordernden Spiels mit der goldenen Kugel, und es gibt für sie keinen Weg zurück. Eine goldene Kugel symbolisiert den höchsten Wert unseres Lebens, und um nichts Geringeres geht es.

In solchen Situationen des Erschreckens und Erwachens wird zum ersten Mal von Trennung gesprochen. Die vielleicht über Jahre verschwiegenen Enttäuschungen, die man selbst nicht recht glauben wollte, lassen sich nicht länger verbergen. Aber der graue Alltag muß nicht zur Regel werden. Die lange gemeinsame Wanderung durch dunkle Täler und über steinige Pfade kann das Paar zu einer erneuerten Liebesbeziehung führen, auch wenn dieses Ziel lange Zeit unvorstellbar und unsichtbar bleibt.

Daß Sie in solchen Lebenslagen nicht aufgeben müssen, zeigt Hans Jellouschek mit überzeugender Eindringlichkeit. Gerade die Arbeit mit Paaren und ihren scheinbar ausweglosen Situationen ließ ihn das Lebensgrundmuster »Froschkönig« erkennen.

Folgt unser Leben solchen Linien, ohne daß wir immer darum wissen, kann ein bewußtes Innewerden auch die Hoffnung übernehmen, die das Märchen vermittelt, allerdings um den Preis des geforderten persönlichen Einsatzes, der sich in der Kugel zeigt. Jeder Leser – folgt er dem ungleichen Paar – wird sich in vielen Situationen wiederfinden. Märchen entsprechen eben den typischen und allgemeinen Situationen unseres Lebens. Wenn Märchen auch keine individuellen Lebensläufe oder Erlebnisse darstellen, lassen sich diese doch in all ihrer Vielfalt mühelos in die Lebensgeschichten einfügen und dort wiederfinden. An den Vorbildern der Märchen können wir uns deshalb vertrauensvoll orientieren, weil nicht die persönliche Absicht eines bestimmten Autors hinter ihnen steht. Der Kommentar, den die Autoren dieser Reihe anbieten, soll deshalb auch nur zu eigenem weiterem Nachdenken anregen und keine allgemeingültigen Regeln vermitteln.

Lassen Sie nun zunächst das Märchen in Ruhe auf sich wirken und spüren Sie dem nach, was es in Ihnen anregt. Lassen Sie sich von Ihren eigenen Reaktionen überraschen und vergleichen Sie sie mit den Erlebnissen und Gedankengängen des Autors.

Einige Hinweise zur Literatur:

Die Autoren dieser Reihe haben sich bei den Texten der Märchen an folgende Ausgaben gehalten: *Kinder- und Hausmärchen. Gesammelt durch die Brüder Grimm, 2 Bände, Manesse Verlag.*

Wenn Sie sich, wie eben angeregt, weiter mit diesem Thema beschäftigen möchten, so empfehlen Ihnen die Autoren dieser Reihe folgende Bücher: *von Franz, Marie-Louise: Das Weibliche im Märchen, Stuttgart 1977. Birkhäuser-Oeri, Sibylle: Die Mutter im Märchen, Stuttgart 1976. Dieckmann, Hans: Gelebte Märchen, Hildesheim 1978. Kast, Verena: Wege aus Angst und Symbiose im Märchen, Olten 1981.*

Diese Werke behandeln weitere große Lebensthemen, die in unserer Reihe nicht berücksichtigt werden konnten. Sie enthalten darüber hinaus wichtige Ergänzungen, die der persönlichen Vertiefung und Bereicherung dienen.

Theodor Seifert

Der Froschkönig
oder der eiserne Heinrich

In den alten Zeiten, wo das Wünschen noch geholfen hat, lebte ein König, dessen Töchter waren alle schön; aber die jüngste war so schön, daß die Sonne selber, die doch so vieles gesehen hat, sich verwunderte, sooft sie ihr ins Gesicht schien. Nahe bei dem Schlosse des Königs lag ein großer dunkler Wald, und in dem Walde unter einer alten Linde war ein Brunnen: wenn nun der Tag recht heiß war, so ging das Königskind hinaus in den Wald und setzte sich an den Rand des kühlen Brunnens: und wenn sie Langeweile hatte, so nahm sie eine goldene Kugel, warf sie in die Höhe und fing sie wieder; und das war ihr liebstes Spielwerk.

Nun trug es sich einmal zu, daß die goldene Kugel der Königstochter nicht in ihr Händchen fiel, das sie in die Höhe gehalten hatte, sondern vorbei auf die Erde schlug und geradezu ins Wasser hineinrollte. Die Königstochter folgte ihr mit den Augen nach, aber die Kugel verschwand, und der Brunnen war tief, so tief, daß man keinen Grund sah. Da fing sie an zu weinen und weinte immer lauter und konnte sich gar nicht trösten. Und wie sie so klagte, rief ihr jemand zu: »Was hast du vor, Königstochter, du schreist ja, daß sich ein Stein erbarmen möchte.« Sie sah sich um, woher die Stimme käme, da erblickte sie einen Frosch, der seinen dicken häßlichen Kopf aus dem Wasser streckte. »Ach, du bist's, alter Wasserpatscher«, sagte sie, »ich weine über meine goldene Kugel, die mir in den Brunnen hinabgefallen ist.« – »Sei still und weine nicht«, antwortete der Frosch, »ich kann wohl Rat schaffen, aber was gibst du mir, wenn ich dein Spielwerk wieder heraufhole?« – »Was du haben willst, lieber Frosch«, sagte sie, »meine Kleider, meine Perlen und Edelsteine, auch noch die goldene Krone, die ich trage.« Der Frosch antwortete: »Deine Kleider, deine Perlen und Edelsteine und deine goldene Krone, die mag ich nicht: aber wenn du mich liebhaben willst und ich soll dein Geselle und Spielkamerad sein, an deinem Tischlein neben dir sitzen, von deinem goldenen Tellerlein essen, aus deinem Becherlein trinken, in deinem Bettlein schlafen: wenn du mir das versprichst, so will ich hinuntersteigen und dir die goldene Kugel wieder heraufholen.« – »Ach ja«, sagte sie, »ich verspreche dir alles, was du willst, wenn du mir nur die Kugel wieder bringst.« Sie dachte aber: Was der einfältige Frosch schwätzt, der sitzt im Wasser bei seinesgleichen und quakt und kann keines Menschen Geselle sein.

Der Frosch, als er die Zusage erhalten hatte, tauchte seinen Kopf unter, sank hinab, und über ein Weilchen kam er wieder heraufgerudert, hatte die

Kugel im Maul und warf sie ins Gras. Die Königstochter war voll Freude, als sie ihr schönes Spielwerk wieder erblickte, hob es auf und sprang damit fort. »Warte, warte«, rief der Frosch, »nimm mich mit, ich kann nicht so laufen wie du.« Aber was half es ihm, daß er ihr sein quak quak so laut nachschrie, als er konnte! Sie hörte nicht darauf, eilte nach Haus und hatte bald den armen Frosch vergessen, der wieder in seinen Brunnen hinabsteigen mußte.

Am andern Tage, als sie mit dem König und allen Hofleuten sich zur Tafel gesetzt hatte und von ihrem goldenen Tellerlein aß, da kam, plitsch platsch, plitsch platsch, etwas die Marmortreppe heraufgekrochen, und als es oben angelangt war, klopfte es an die Tür und rief: »Königstochter, jüngste, mach mir auf.« Sie lief und wollte sehen, wer draußen wäre, als sie aber aufmachte, so saß der Frosch davor. Da warf sie die Tür hastig zu, setzte sich wieder an den Tisch, und es war ihr ganz angst.

Der König sah wohl, daß ihr das Herz gewaltig klopfte, und sprach: »Mein Kind, was fürchtest du dich, steht etwa ein Riese vor der Tür und will dich holen?« – »Ach nein«, antwortete sie, »es ist kein Riese, sondern ein garstiger Frosch.« – »Was will der Frosch von dir?« – »Ach, lieber Vater, als ich gestern im Wald bei dem Brunnen saß und spielte, da fiel meine goldene Kugel ins Wasser. Und weil ich so weinte, hat sie der Frosch wieder heraufgeholt, und weil er es durchaus verlangte, so versprach ich ihm, er sollte mein Geselle werden; ich dachte aber nimmermehr, daß er aus seinem Wasser herauskönnte. Nun ist er draußen und will zu mir herein.« Indem klopfte es zum zweitenmal und rief:

>»Königstochter, jüngste,
Mach mir auf,
Weißt du nicht, was gestern
Du zu mir gesagt
Bei dem kühlen Brunnenwasser?
Königstochter, jüngste,
Mach mir auf.«

Da sagte der König: »Was du versprochen hast, mußt du auch halten; geh nur und mach ihm auf.« Sie ging und öffnete die Türe, da hüpfte der Frosch herein, ihr immer auf dem Fuße nach, bis zu ihrem Stuhl. Da saß er und rief: »Heb mich herauf zu dir.« Sie zauderte, bis es endlich der König befahl. Als der Frosch erst auf dem Stuhl war, wollte er auf den Tisch, und als er da saß, sprach er: »Nun schieb mir dein goldenes Tellerlein näher, damit wir zusammen essen.« Das tat sie zwar, aber man sah wohl, daß sie's nicht gerne tat. Der Frosch ließ sich's gut schmecken, aber ihr blieb fast jeder Bissen im Halse. Endlich sprach er: »Ich habe mich sattgegessen und bin müde; nun trag mich in dein Kämmerlein und mach dein seiden Bettlein zurecht, da wollen wir uns schlafenlegen.« Die Königstochter fing an zu weinen und fürchtete sich vor dem kalten Frosch, den sie nicht anzurühren getraute, und der

nun in ihrem schönen reinen Bettlein schlafen
sollte. Der König aber ward zornig und sprach:
»Wer dir geholfen hat, als du in der Not warst, den
sollst du hernach nicht verachten.« Da packte sie
ihn mit zwei Fingern, trug ihn hinauf und setzte
ihn in eine Ecke. Als sie aber im Bett lag, kam er
gekrochen und sprach: »Ich bin müde, ich will
schlafen so gut wie du: heb mich herauf, oder ich
sag's deinem Vater.« Da ward sie erst bitterböse,
holte ihn herauf und warf ihn aus allen Kräften
wider die Wand; »nun wirst du Ruhe haben, du
garstiger Frosch.«

Als er aber herabfiel, war er kein Frosch, sondern ein Königssohn mit schönen freundlichen
Augen. Der war nun nach ihres Vaters Willen ihr
lieber Geselle und Gemahl. Da erzählte er ihr, er
wäre von einer bösen Hexe verwünscht worden,
und niemand hätte ihn aus dem Brunnen erlösen
können als sie allein, und morgen wollten sie
zusammen in sein Reich gehen. Dann schliefen sie
ein, und am andern Morgen, als die Sonne sie aufweckte, kam ein Wagen herangefahren, mit acht
weißen Pferden bespannt, die hatten weiße Straußfedern auf dem Kopf und gingen in goldenen
Ketten, und hinten stand der Diener des jungen
Königs, das war der treue Heinrich. Der treue
Heinrich hatte sich so betrübt, als sein Herr war in
einen Frosch verwandelt worden, daß er drei eiserne
Bande hatte um sein Herz legen lassen, damit es
ihm nicht vor Weh und Traurigkeit zerspränge. Der
Wagen aber sollte den jungen König in sein Reich

abholen; der treue Heinrich hob beide hinein, stellte sich wieder hinten auf und war voller Freude über die Erlösung. Und als sie ein Stück Wegs gefahren waren, hörte der Königssohn, daß es hinter ihm krachte, als wäre etwas zerbrochen. Da drehte er sich um und rief:

»Heinrich, der Wagen bricht.«
»Nein, Herr, der Wagen nicht,
Es ist ein Band von meinem Herzen,
Das da lag in großen Schmerzen,
Als Ihr in dem Brunnen saßt,
Als Ihr eine Fretsche wast.«

Noch einmal und noch einmal krachte es auf dem Weg, und der Königssohn meinte immer, der Wagen bräche, und es waren doch nur die Bande, die vom Herzen des treuen Heinrich absprangen, weil sein Herr erlöst und glücklich war.

Einleitung

Ich erinnere mich des Augenblicks noch genau: Ich saß mit einem jungen Paar in der Therapiestunde. Die beiden hatten erhebliche Probleme miteinander, und wir kamen nur recht mühsam voran. Da war mit einem Mal das Märchen vom Froschkönig im Raum. Als ein genaues Bild dieser Beziehung und ihrer Schwierigkeiten drängte es sich förmlich auf. Je länger ich mich mit diesem Paar beschäftigte, desto überraschendere Parallelen zu Froschkönig und Königstochter zeigten sich. So wurde uns das Märchen zu einer wichtigen Verstehenshilfe und – immer mehr auch – zum Wegweiser für den Therapieprozeß.

Ich bin Psychotherapeut, und ein Schwerpunkt meiner Arbeit ist die Paartherapie. Ich habe seit diesem Erlebnis mit vielen Paaren gearbeitet, einzeln, im Rahmen von Familienberatung oder auch in Paar-Gruppen. Immer wieder traf ich dabei Paare, deren Beziehungsstruktur und deren Umgang miteinander mir die Geschichte von Frosch und Königstochter wieder ins Gedächtnis riefen.

Immer neue Zusammenhänge zwischen diesen Paaren und dem Märchen entdeckte ich dabei und lernte beide wechselseitig besser verstehen. Auch fiel allmählich ein ganz neues Licht auf eine eigene leidvolle frühere Partnerbeziehung, die mich immer noch sehr beschäftigt und bei deren Verarbeitung mir das Märchen sehr hilfreich geworden ist.

Dies läßt mich vermuten, daß das Märchen vom Froschkönig etwas sehr Grundlegendes über Beziehungskonflikte und den Sinn von Paarbeziehungen überhaupt aussagt. In diesem Bändchen mache ich den Versuch, dieses Grundlegende in meiner Sprache und auf dem Hintergrund meiner praktischen Erfahrung in der Arbeit mit Paaren herauszuarbeiten.

Es geht dabei um Grundlegendes, das alle Paare betreffen dürfte. Dennoch gibt das Märchen durch seine Hauptpersonen – Froschkönig und Königstochter – und durch die Art, wie es deren Begegnung und Weg miteinander schildert, eine ganz bestimmte Konstellation und Rollenverteilung vor, in der sich nur ein kleinerer Teil von Paaren wiederfinden kann. Auch gibt es viele Paare, deren »Zusammenspiel« dem von Frosch und Königstochter zwar sehr ähnlich ist, jedoch in anderer Verteilung: Den Part der Königstochter übernimmt der Mann, den des Frosches die Frau. Solche Paare würden sich wohl eher in anderen Märchen, zum Beispiel in »Hänsel und Gretel«, wiederfinden. Aufgrund der Vorgabe bleibe ich aber bei dieser speziellen Konstellation von Froschkönig und Königstochter. Es gibt mir die Möglichkeit, sowohl näher an den Bildern und am dramatischen Verlauf dieser Geschichte zu bleiben als auch eine bestimmte Paarkonstellation genauer zu beschreiben und nicht zu allgemein zu werden.

Weil die angesprochene Thematik, wie gesagt, nicht nur »Frosch-Männer« und »Prinzessin-Frauen«

betrifft, sondern alle, die als Paar miteinander zu leben versuchen, habe ich das Vertrauen, daß Sie, liebe Leser, die für Sie stimmigen Variationen zum Thema schon selber finden werden.

Die »heile Welt« der Königstochter

In den alten Zeiten, wo das Wünschen noch geholfen hat, lebte ein König, dessen Töchter waren alle schön; aber die jüngste war so schön, daß die Sonne selber, die doch so vieles gesehen hat, sich verwunderte, sooft sie ihr ins Gesicht schien.

Das Märchen vom Froschkönig versetzt uns mit diesen ersten Sätzen in eine glanzvolle, heile Welt. Von einem König ist da die Rede, von der Sonne und ihrem hellen Licht, von schönen Königstöchtern und einer jüngsten, deren Schönheit über alles geht. Es ist eine Welt, die auf den ersten Blick vollkommen erscheint. Ihr Symbol ist denn auch die goldene Kugel, mit der die jüngste Königstochter, eine der beiden Hauptpersonen unserer Geschichte, spielen wird. Die Kugel ist seit jeher das Symbol der Ganzheit, und daß es eine goldene Kugel ist, deutet die Vollkommenheit dieser Ganzheit an.

Ganz-Sein verbinden wir mit Heil-Sein, und – ob wir uns das bewußt machen oder nicht – wir streben mit allen unseren Kräften nach dieser heilen Ganzheit, wir tun alles, um die Bruchstückhaftigkeit unseres Daseins zu überwinden und ganz, vollständig, heil zu werden. Nun gibt es Ganzheit im menschlichen Leben auf sehr verschiedenen Ebenen. Das Märchen spricht hier zwei davon an: Es schildert eine Kindheits-Welt, die Welt einer jüngsten Tochter, und es schildert diese als eine Welt des äußerlich vollkommenen Glanzes. Damit werden zwei Dimensionen von Ganzheit angesprochen, eine, die in einem bestimmten Entwicklungsstadium des Menschen gegeben sein kann, und eine, die einen bestimmten Lebensbereich des Menschen, den äußerlich-materiellen, betrifft. In beiden kann vollkommene Ganzheit aufleuchten: Ein Kind kann eine hinreißende Ganzheitlichkeit ausstrahlen, und die äußere Welt können sich manche Menschen so vollkommen einrichten, daß es uns ob ihres Glanzes den Atem verschlägt. Aber beide Formen der Ganzheit können nicht festgehalten werden, sonst werden sie für uns zum Gefängnis, und es kommt zur Stagnation. Man kann nicht ewig Kind bleiben, und der Glanz der äußeren Welt reicht unserem Ganzheitsbedürfnis nicht aus. So muß Ganzheit in unserem Leben immer wieder zerbrochen, verlassen, überstiegen werden, damit Entwicklung zu höherer Ganzheit möglich wird. Das Märchen vom Froschkönig schildert einen solchen Prozeß: den Prozeß eines Paares, das durch Scheitern und Loslassen hindurchgehen muß, um den Weg zu seiner Ganzheitsgestalt als Paar zu finden.

Werfen wir nach diesem ersten noch einen zweiten Blick auf die Welt der goldenen Kugel, auf die heile Welt der Königstochter. Das Märchen versetzt uns in eine alte Zeit, in der »das Wünschen noch geholfen hat«. Das macht uns ein wenig skeptisch. »Wunschwelt« fällt uns dazu ein, und der Verdacht steigt auf, die Welt der Königstochter könnte so vollkommen gar nicht

21

sein. Sie könnte in der Rückschau nur so vollkommen erscheinen, also ein Produkt der Wünsche nach Ganz-Sein und Heil-Sein darstellen.

Wann träumen wir uns in solche Wunschwelten hinein? Oft gerade nicht dann, wenn wir glücklich sind, sondern wenn wir Mangel leiden und uns dies nicht eingestehen wollen. Wann malen wir uns wehmütig ein Bild von »glücklichen Kindheitstagen« aus, und wann werden blitzblanke Wohnungen, elegante Kleider, tadelloses Make-up und peinliche Ordnung besonders wichtig? Oft dann, wenn wir eine innere Leere spüren, wenn wir einsam sind und uns Liebe fehlt. Ganzheit erfahren wir am tiefsten in der Liebe, und wenn wir an Liebe Mangel leiden, erschaffen wir uns oft andere ganze, heile Welten und versuchen damit, das Loch zu füllen: eine heile, rückprojizierte Kindheits-Wunschwelt oder eine äußerlich wunschgemäße Glanz-Welt.

Auch in unserem Märchen finden wir angedeutet, daß die glänzende Welt der Königstochter nicht eine wirklich erfüllte Ganzheit ist, sondern Leere verdeckt: Es fällt auf, daß in dieser schönen Welt die Mutter fehlt. In der ganzen Geschichte ist von ihr nie die Rede. Nur von Töchtern erfahren wir, einmal werden Hofleute erwähnt, und immer wieder hören wir vom Vater, dem König. Sein Gegenüber sind Töchter, nicht eine erwachsene Frau. Das weiblich-mütterliche Prinzip fehlt. Damit fehlt aber in dieser glänzenden Welt das Tragende, Nährende, Fürsorgliche, Bergende. Die wunderschöne Königstochter könnte ein sehr einsames Kind sein. Ist die Mutter tot, und muß dies – weil wir nichts davon erfahren – auch noch totgeschwiegen werden? Ist sie krank oder aus anderen Gründen unfähig, ihre Aufgabe als Mutter wahrzunehmen, und »spricht man darüber nicht«? Oder ist es so, daß sie physisch zwar anwesend ist, aber neben dem König nicht ausreichend in Erscheinung tritt? Was wir später von den Vorgängen im Schloß erfahren, legt die Vermutung nahe, daß niemand zu seiner bestimmenden, allzu einseitig männlichen Rolle, die fixiert ist auf das, was »sein soll«, und darüber die konkrete Situation vergißt, ein weibliches Gegengewicht bildet. Das weibliche Prinzip scheint in dieser Welt jedenfalls nicht zum Zuge zu kommen, darum vermag der König nur in sehr einseitiger Weise seine männlich-väterliche Rolle wahrzunehmen, und der Königstochter fehlt Wesentliches für ihre Entwicklung zur erwachsenen Frau. Die makellose Schönheit dieser Welt könnte eine Fassade sein, die Leere und Mangel verbirgt, eine Fassade, hinter der bei allem äußeren Glanz die Menschen leiden, hinter der auch die Königstochter leidet, aber es selbst nicht wissen und nicht fühlen darf. Die Fassade ist dazu da, daß nicht offenbar wird, was zuviel Angst machen und zuviel Schmerz auslösen würde. Und sie macht es leicht, das alles zu verdrängen, weil sie vortäuscht, daß alles da ist, was man zum Leben braucht.

Ich finde in der Königstochter des Märchens jenen Typ von Frauen wieder, die oft Prinzessin-Frosch-Beziehungen eingehen. Diese »Prinzessin-Frau« hat oft eine Kindheit gehabt, in der die Mutter nicht da war oder das Mütterliche zu wenig zur Geltung brachte, weil sie zwar physisch präsent war, aber in sich selbst das Frauliche und das Mütterliche nicht genügend entfaltet hatte. Darum gab es in diesen Familien weder ein weibliches Gegenüber zum Mann noch einen mütterlich bergenden Grund für das kleine Mädchen, in dem es sich hätte fraglos geborgen fühlen können. Trotzdem war die Tochter nicht unwichtig in ihrer Familie. Im Gegenteil, sie war eine Prinzessin, um die sich alles drehte. Aber sie war eine Prinzessin nicht als Ausdruck ihres glücklichen Lebensgefühls, sondern den Eltern zuliebe, weil es für diese aus ihrem eigenen Mangel heraus wichtig war, so ein Prinzeßchen zur Tochter zu haben. Für die Mutter war sie wichtig, um ihrem Mann etwas so Schönes präsentieren und damit selbst ein wenig auf Abstand gehen zu können, und für den Vater war sie wichtig, damit er sich mit einer so schönen Tochter als Mann und Vater stolz fühlen konnte. Darum mußte sie niedlich und hübsch, strahlend und brav sein und sich manchmal auch ein wenig verführerisch und hilflos zeigen. Dann bekam sie viel Beachtung und wurde mit Glanz und Anerkennung belohnt. Aber im Grunde war sie überfordert; manchmal fühlte sie sich auch in eine Konkurrentenrolle zu ihrer Mutter gedrängt, aber mit ihrer eigenen Bedürftigkeit, mit ihren eigenen dunklen Seiten, mit ihrer Wut, mit ihrer Trauer und Sehnsucht blieb sie allein. So war die Kindheitswelt der Prinzessin-Frau wie die der Königstochter oft eine glänzende Welt, aber sie war zugleich eine Welt des Scheins, die Mangel und Einsamkeit verbarg.

In den ersten Zeilen schildert das Märchen diese Welt noch in ihrer äußeren Unversehrtheit. Unsere Beobachtungen und Erwägungen lassen uns jedoch vermuten, daß diese Unversehrtheit nicht von

Bestand sein kann. Hinter der glänzenden Oberfläche sind, wie der weitere Verlauf der Geschichte zeigt, bereits Kräfte am Wirken, die diese Ganzheit zerstören werden: die Kräfte der Entwicklung, die über die Kindheit hinausdrängen zu mehr und echterem Leben und darum den falschen Schein auflösen werden.

Aufbruch

Nahe bei dem Schlosse des Königs lag ein großer dunkler Wald, und in dem Walde unter einer alten Linde war ein Brunnen: wenn nun der Tag recht heiß war, so ging das Königskind hinaus in den Wald und setzte sich an den Rand des kühlen Brunnens: und wenn sie Langeweile hatte, so nahm sie eine goldene Kugel, warf sie in die Höhe und fing sie wieder; und das war ihr liebstes Spielwerk.

Es kommt Bewegung in diese starre Welt des Glanzes, weil es die Königstochter hinausdrängt. Sie hält es offenbar nicht mehr aus in dieser Welt der königlich-männlichen Helligkeit. Es zieht sie in den dunklen Wald zum kühlen Brunnen unter der Linde. Das Dunkel des Waldes, die Tiefe des kühlen Brunnens, der weit ausladende Lindenbaum – das sind eindrucksvolle Symbole des Mütterlichen. Die Königstochter sucht also instinktiv und ohne es zu wissen das Mütterliche, das ihr fehlt. Sie weiß aber noch nicht, was sie tut und was sie da draußen soll. Sie ist sehr allein. Keiner weist ihr den Weg, keiner ist bei ihr, kein Spielkamerad, keine der Schwestern, auch nicht der Vater, niemand, mit dem sie darüber reden könnte, was sie eigentlich bewegt. Sie empfindet Langeweile, und Langeweile ist ja oft das Gefühl, das unmittelbar hinter dem Glanz einer solchen Fassadenwelt lauert und tiefere Gefühle, die nicht »passen«, überlagert. Mit der goldenen Kugel versucht sie, die Langeweile zu vertreiben. Sie ist aus der glänzenden Kindheitswelt zwar äußerlich weggegangen, aber mit der Kugel hat sie ein Stück davon mitgenommen – offensichtlich muß noch etwas geschehen, damit wirklich etwas in Gang kommen kann.

Damit, daß die Prinzessin-Frau von zu Hause weggeht, ist ein erster Schritt getan, aber das Entscheidende muß erst noch geschehen. Denn wie die Königstochter aus dem väterlichen Schloß, so läuft sie von zu Hause weg, weil sie da nicht findet, was sie braucht: das Mütterliche. Dies könnte natürlich eine starke Antriebsfeder für die Entwicklung zur erwachsenen Frau werden, aber dann müßte sie erst durch den Schmerz des Verlusts und des Abschieds hindurch, sie müßte sich von der Frau, die ihre Mutter ist, ohne ihre Mutter zu sein, und von ihren Wünschen an sie lösen, um das Mütterliche in sich selbst und in der Begegnung mit anderen zu finden. Aber die Prinzessin-Frau weiß von alledem nichts, und es ist keiner da, der mit ihr über solche Dinge sprechen würde. Ihrer Schönheit sieht kaum einer an, was sie an Not verbirgt, der leicht schmollende, bittere Zug um ihren Mund fällt niemandem auf. Und sie selbst weiß viel zuwenig von sich, um darüber sprechen zu können. Sie wendet sich zwar nach außen, aber abwartend, zögernd, den Blick nach rückwärts gewandt, gleichsam die goldene Kugel noch in der Hand, festhaltend das Wunschbild einer »runden«, »goldenen« Kindheit. So wartet sie »draußen« auf das, was sie »drinnen« nicht hatte, das Mütterliche, bei dem sie ihre Kindheit nachholen und zur Frau heranreifen darf. Ihr Schritt ins Erwachsenenalter enthält damit einen Widerspruch, und es ist vorauszusehen, daß es auf diesem Weg zu Schwierigkeiten kommen muß.

Die Fassade stürzt ein

Nun trug es sich einmal zu, daß die goldene Kugel
der Königstochter nicht in ihr Händchen fiel, das
sie in die Höhe gehalten hatte, sondern vorbei auf
die Erde schlug und geradezu ins Wasser hineinrollte. Die Königstochter folgte ihr mit den Augen
nach, aber die Kugel verschwand, und der Brunnen
war tief, so tief, daß man keinen Grund sah. Da
fing sie an zu weinen und weinte immer lauter und
konnte sich gar nicht trösten.

Die Königstochter hat das Schloß verlassen und
spielt am Brunnen mit der goldenen Kugel.
Provoziert sie damit nicht deren Verlust? Ist es nicht
so, als wollte sie das Schicksal herausfordern? Wenn
wir beachten, wie sie mit der Kugel umgeht, verstärkt
sich dieser Verdacht. Sie greift gar nicht richtig
danach, sondern streckt einfach das Händchen in die
Höhe. Soll die Kugel von selber den Weg dahin
zurückfinden? Oder gibt es eine Seite in ihr, der es
ganz recht ist, daß das Wünschen nicht mehr hilft,
sondern die Kugel den Fallgesetzen gehorchend zu
Boden fällt und zum Brunnen rollt? Ist es dieser Seite
in ihr vielleicht ganz recht, daß nicht mehr – wie im
Schloß – jemand gelaufen kommt und dafür sorgt, daß

schon nichts Ernstliches passieren kann? Es sieht sehr danach aus, denn als die Kugel zum Brunnen rollt, folgt sie ihr zwar nach – aber nur mit den Augen! Sie tut nichts, um zu verhindern, daß sie darin verschwindet. Ohne sich dessen ganz bewußt zu sein, treibt sie das Zerbrechen ihrer Kindheitswelt voran.

Die Kugel fällt in den Brunnen. Damit ist es geschehen. Das Ereignis ist eingetreten, hinter das es kein Zurück mehr gibt. Wenn der Frosch auch die Kugel bald wiederbringen wird, es ist nicht mehr wie vorher. Eine unaufhaltsame Entwicklung ist in Gang gekommen durch diesen Verlust, die Abschied von der Kindheit bedeutet und die schöne Fassade zum Einsturz bringt.

»Der Brunnen war tief, so tief, daß man keinen Grund mehr sah.« Eine Tiefe tut sich auf, die der Königstochter angst macht. So ernst sollte es ja nicht sein. Die schöne Fassade war auch ein Schutz und ein Schirm vor der harten Realität, mit der sie nun plötzlich konfrontiert ist. »Da fing sie an zu weinen und weinte immer lauter und konnte sich nicht mehr trösten.« Ungeahnte Gefühle steigen da aus der Tiefe hoch. Ein nie gekannter Schmerz bricht hervor, immer und immer mehr kommt davon hoch, man sieht keinen Grund mehr. Was die Königstochter, was die Prinzessin-Frau wirklich erlebt hat in ihrem goldenen Schloß, das steigt mit einem Mal aus der Verdrängung empor und überschwemmt sie.

Es gibt solche Momente im Leben der Prinzessin-Frau, und wie die Königstochter hat sie diese auch meist selber provoziert. Sie ist beispielsweise unter Protest von zu Hause ausgezogen, hat sich ein Zim-

30

mer weit weg genommen, ist schnell eine Beziehung eingegangen, die auch schnell wieder in die Brüche ging. Und nun sitzt sie da, und der ganze Jammer, die ganze Verlassenheit von Anfang an bricht aus ihr hervor. Für einen Moment ist sie im Kontakt mit ihrer wahren Realität ohne Schein, ohne Fassade. Ihre Chance bestünde darin, durch diesen Schmerz hindurchzugehen, wirklich Abschied zu nehmen von den Eltern, wirklich zu trauern und dadurch zu reifen. Aber soweit ist sie noch nicht. Die Prinzessin-Frau ist sich über die wahre Situation noch im unklaren, sie versteht ihren Schmerz noch nicht, es macht ihr noch viel zuviel angst, sich darauf einzulassen, darum muß sie noch einen weiten Weg zurücklegen, bis sie wieder an diese Stelle kommt und dann fähig sein wird, den nächsten Schritt zu tun.

Jetzt kann sie noch nicht die volle Verantwortung für ihr Tun übernehmen. Wie die Königstochter verleugnet sie ihre eigene Mitwirkung am Verlust der Kugel, sie steht nicht dazu. Was da in ihr hochkommt, macht ihr viel zuviel angst. So flüchtet sie in Hilflosigkeit, und ihr Weinen ruft nach jemandem, der ihr zu Hilfe eilt. Dieser »Jemand« nimmt in ihrer Phantasie meist die Züge eines Partners an, mit dem sie aber nicht die vollzogene Ablösung aus ihrer Kindheit besiegeln, sondern bei dem sie den Schmerz, der da aufgebrochen ist, unterbringen will. Ihre Sehnsucht malt das Bild eines Partners, in dessen mütterlich-bergenden Armen sie ein kleines Mädchen sein und zur Frau heranwachsen darf. Und dieser Partner, der darauf anspricht und seine Dienste dafür anbietet, ist – wie im Märchen – meist nicht weit.

Die dunkle Welt des Frosch-Prinzen

Und wie sie so klagte, rief ihr jemand zu: »Was hast du vor, Königstochter, du schreist ja, daß sich ein Stein erbarmen möchte.« Sie sah sich um, woher die Stimme käme, da erblickte sie einen Frosch, der seinen dicken häßlichen Kopf aus dem Wasser streckte.

Der Frosch taucht auf. Er streckt seinen »häßlichen Kopf« aus dem Wasser, und damit betritt der zweite Hauptdarsteller des Dramas die Bühne. Es ist ein Beziehungsdrama, das die beiden, der Frosch und die Königstochter, da spielen werden, in dessen Verlauf es Scheitern geben wird und Verwandlung, Ende und Neubeginn.

Der Volksmund sagt über das Entstehen von Beziehungen: »Gleich und Gleich gesellt sich gern.« Aber auf den ersten Blick scheint diese Beziehung nach dem umgekehrten Motto zu entstehen, nämlich: »Gegensätze ziehen sich an.« Denn kann es größere Gegensätze geben als die wunderschöne Königstochter und den häßlichen Frosch? Ja die Gegensätzlichkeit ist so groß, daß wir kaum verstehen können, wie zwischen diesen beiden eine so intensive Beziehung entstehen kann, wie es bald der Fall sein wird.

Unter Frosch-Prinzessin-Paaren gibt es viele, die wir genauso gegensätzlich erleben. »Wie sind denn die beiden nur aneinandergeraten?« So fragen wir uns bei ihrem Anblick. Wir können nicht verstehen, was die quirlige, etwas überdrehte, hübsche junge Frau an diesem ruhigen, eher unbeholfenen, gar nicht attraktiven Mann findet. Und wir können uns überhaupt nicht ausmalen, wie es dem gelungen ist, sie zu erobern und die zahlreichen, viel imponierenderen Mitbewerber aus dem Feld zu schlagen. Sehen wir aber hinter das Äußere der beiden, entdecken wir, daß die Gegensätzlichkeit gar nicht so groß ist und das Motto dieser Beziehung viel eher das erste sein könnte: »Gleich und Gleich gesellt sich gern.« So ist es auch im Märchen. Auch hier ist der Gegensatz zwischen Frosch und Königstochter gar nicht so groß, wie es auf den ersten Blick scheinen möchte.

Gegen Ende der Geschichte erfahren wir: Der Frosch war ein Prinz. Er stammt, wie die Königstochter, auch aus einer lichten, »heilen«, strahlenden Welt! Er hat wie sie in einem Schloß gelebt, mit königlichen Eltern, Hofleuten und Dienerschaft. War diese Welt auch eine Scheinwelt? Es sieht so aus. Während in der Welt der Königstochter das mütterliche Prinzip fehlte und das Männlich-Väterliche einseitig überwog, erfahren wir beim Frosch nichts von einer männlichen Gestalt. In der ganzen Geschichte wird von einem Vater beim Frosch nichts erwähnt. Wohl aber ist die Rede von einer Hexe, die ihn verwünscht und verzaubert hat. Die Hexe ist in den Märchen das Symbol für die negativ erlebten Aspekte des Weiblich-Mütterlichen: für das Dominieren, Verzaubern, Verwünschen, Festhalten, Verschlingen. Das heißt wohl, daß in der Welt des Frosches das männlich-väterliche Prinzip fehlte und das Weiblich-Mütterliche, weil es kein balancierendes Gegengewicht hatte, die Gestalt der Hexe annahm, die ihn verwünschte und in einen Frosch verwandelte.

Der Mann, der auf das Weinen der Prinzessin-Frau anspricht, sich ihr zur Hilfe anbietet und zu ihrem Partner wird, der »Frosch-Mann«, hat oft diese Geschichte: Er ist beherrscht vom mütterlichen Prinzip, festgehalten »im tiefen Brunnen«, weil ihm ein starker Vater als Führer ins Leben und als Modell der eigenen Männlichkeit gefehlt hat. Als Junge war er von seiner Mutter auserwählt, ihr »Prinz« zu sein. Sie brauchte ihn, weil ein starker Mann fehlte. Seine Impulse, sich von ihr zu lösen, sich aggressiv von ihr abzusetzen und in die Welt hinauszulaufen, mußte sie deshalb mit Liebesentzug, Strafen und Schuldzuschreibung entmutigen. Das waren für ihn die Flüche und Verwünschungen, die ihn nicht zum vollen Mann reifen ließen, sondern ihm das Gefühl gaben, ein Frosch zu sein. So lieb ihn seine Mutter hatte, in diesem Sinn war sie eine »böse Hexe«, ihr Festhalten wurde für ihn zum Bannfluch, der ihn in den Brunnen verbannte, in den tiefen Brunnen der Depression und Selbstabwertung. Der Frosch-Mann war ein Prinz, er kennt also – wie die Prinzessin-Frau – die Welt des Scheins und des falschen Glanzes in der Liebe einer Mutter, die ihn zum Prinzen macht, und er kennt wie sie das tiefe Loch, das sich dahinter auftut, wenn der Glanz erlischt.

Wie kommt es zu solchen Schicksalen?

Prinz und Frosch –
zwei Seiten einer Medaille

Was Kinder brauchen, um zu ihrem eigenen Leben zu finden, sind nicht nur Nahrung, Kleidung, physische Wärme und Hygiene. Was sie vor allem anderen brauchen, ist die Erfahrung: Ich bin als das, was ich bin, in dieser Welt willkommen, als der Junge oder dieses Mädchen[1]. Sie brauchen, um sich und ihr Leben finden zu können, daß in den Augen der Mutter die Freude darüber aufleuchtet, daß sie, und gerade sie, da sind. In diesen strahlenden Augen findet das Kind sich selbst als wertvoll und liebenswert wieder, es findet darin sein Selbst-Bewußtsein, seinen Selbst-Wert. Sehr oft aber blicken Kinder nicht in freudestrahlende Augen, sondern in hilfesuchende, bedürftige, die nicht signalisieren: »Ich freue mich über dich«, sondern viel eher: »Ich bin in Not. Eigentlich bist du, Kind, zuviel für mich. Ich brauche selbst jemanden.« Nicht sich selbst finden sie in diesen Augen widergespiegelt, sondern das Leid und die Bedürftigkeit der Mutter. Diese Situation wird oft dadurch verschärft, daß der Vater kein Gegengewicht bildet, weder in dem Sinn, daß er für die Mutter eine Quelle der Zuwendung wäre, aus der sie für das Kind schöpfen könnte, noch in dem Sinn, daß er für das Kind eine mütterlich-väterliche Alternative wäre. Auch er braucht und sucht nach Liebe und kann wenig geben.

Wie gehen Kinder mit einer solchen Situation um? Intuitiv nehmen sie die Signale der Bedürftigkeit ihrer Eltern wahr. Andererseits brauchen sie aber diese Mutter, diesen Vater, um zu überleben. Also stellen sie sich – nach erfolglosen Versuchen, die eigene Bedürftigkeit zur Geltung zu bringen – darauf ein, das zu werden, was diese Eltern brauchen: pflegeleichte Kinder, die ganz früh sauber sind, die bald laufen können, die Eltern anstrahlen, sich auch ein bißchen hilflos stellen, damit die Eltern das Gefühl bekommen, gute Eltern zu sein, wenn sie helfend eingreifen. Im übrigen machen sie aber so wenig Probleme wie möglich. Sie werden Prinzen und Prinzessinnen, damit sich ihre Eltern wie Königin und König fühlen dürfen, und sie werden zu kleinen Helfern, zu kleinen Vätern und Müttern ihrer Eltern, die einfühlsam auf deren Verlassenheit eingehen, sich den Kopf darüber zerbrechen, wie man die hilflose Mutter unterstützen und den traurigen Vater aufheitern kann. Der Frosch-Mann war so ein kleiner Prinz und Helfer für seine Mutter, der sehr gut gelernt hat, sich einzufühlen, der eher jungenhafte und mütterliche denn männliche Züge trägt – und damit für die Prinzessin-Frau, die das Mütterliche sucht, besonders anziehend wird, während die Prinzessin-Frau als Kind sich bemüht, das Prinzeßchen für ihren Vater zu sein und ihm zu ersetzen, was er, wie sie ahnte, von seiner Frau nicht bekam, wobei sie in ihrem tiefsten Herzen der Mutter nichts wegnehmen, sondern für sie nur in die Bresche springen wollte, weil sie fühlte, wie leer und enttäuscht die Mutter war. So hat sie gelernt, zu strahlen und zu wärmen. Kein Wunder, daß sie dem Frosch-Mann in seinem tiefen, kalten Brunnen als die Frau seiner Träume erscheint.

Kinder, wie sie der Frosch-Mann und die Prinzessin-Frau waren, entwickeln also große Fähigkeiten, auf das einzugehen, was die Erwachsenen brauchen. Solange sie diese Fähigkeiten ausleben und sich in ihnen darzustellen vermögen, wirken sie nach außen stark, perfekt, erfolgreich – und sie fühlen sich zeitweise auch selbst so: Das ist die glänzende Welt der Prinzen und der Prinzessinnen. Was sie aber nicht lernen, ist zu fühlen, wer sie hinter dieser Fassade wirklich selbst sind. Sie vergessen sich selbst, haben kein Gefühl von ihrem Selbstwert und ihrer unverwechselbaren Eigen-Art. Wenn sie damit in Kontakt kommen, stürzt die Fassade der Stärke in sich zusammen. Plötzlich fühlen sie sich als Frosch, verwünscht von der bösen Hexe, oder als einsames, verlassenes Mädchen, das alles verloren hat, am tiefen Brunnen im dunklen Wald. So ist das Prinz- und das Prinzessin-Sein nur die eine Seite: die Seite des »falschen Selbst«, das Frosch-Mann und Prinzessin-Frau für das Wohlergehen ihrer Eltern entwickelt haben. Die andere Seite ist das Gefühl, festgehalten, verwunschen, als Frosch in die Tiefe verbannt zu sein, ohne Bewußtsein vom eigenen Selbst und vom eigenen Wert.

Beide, der Frosch und die Königstochter, der Frosch-Mann und die Prinzessin-Frau, sind nicht so verschieden voneinander. Ihrer beider Lebensschicksal verbindet sie zutiefst. Beide kennen die strahlende Schein-Welt, das »falsche Selbst« der Prinzen und Prinzessinnen, und beide kennen die dahinter lauernde Leere, die tiefe Depression, der Frosch in seinem tiefen Loch, die Prinzessin in ihren unstillbaren Tränen. Sie verbinden sich also doch nach dem Motto: »Gleich und Gleich gesellt sich gern.«

Dennoch kommt auch das Motto »Gegensätze ziehen sich an« in beider Beziehung zur Geltung. Dem Frosch-Mann ist im Augenblick der Begegnung der ehemalige Prinz meist nicht mehr sehr deutlich anzusehen. Er ist eher still und depressiv. Das ist der Prinzessin-Frau gerade recht, denn zu diesem Zeitpunkt hat sie von großen Strahlemännern wie ihrem Vater und einigen ihrer verflossenen Verehrer die Nase voll. Denn letztlich konnte sie es denen, allen voran ihrem »König-Vater«, doch nie recht machen. Dafür hat der Frosch-Mann, was sie in ihrer Einsamkeit immer dringlicher sucht. Er ist so einfühlsam, entgegenkommend und hilfreich wie eine gute Mutter. Hingegen hat sie, die Prinzessin-Frau, von den Erfahrungen in ihrer Familie her immer noch etwas so Strahlendes, Helles, Kindlich-Lebendiges und damit genau das, was der Frosch-Mann sich wünscht, um endlich aus seiner dunklen Tiefe hochzukommen. Außerdem ist sie doch so hilflos und bedürftig, daß er das Gefühl hat, anders als bei seiner Mutter, deren Leid er ja doch nicht wegnehmen konnte, könne er sich hier endlich bewähren ...

Auf der Basis ihrer Gleichheit also ziehen die beiden sich in ihren Gegensätzen mächtig an. Sie ziehen sich an und mißverstehen sich gründlich. In ihrer Begegnung und in ihrem Mißverständnis liegt ein tiefer Sinn, der sich ihnen aber erst sehr viel später erschließen wird, wenn sie ihren Weg weiter, wenn sie ihn bis zum Ende gegangen sind.

Eine Beziehung entsteht

»Ach, du bist's, alter Wasserpatscher«, sagte sie, »ich weine über meine goldene Kugel, die mir in den Brunnen hinabgefallen ist.« – »Sei still und weine nicht«, antwortete der Frosch, »ich kann wohl Rat schaffen, aber was gibst du mir, wenn ich dein Spielwerk wieder heraufhole?« – »Was du haben willst, lieber Frosch«, sagte sie, »meine Kleider, meine Perlen und Edelsteine, auch noch die goldene Krone, die ich trage.« Der Frosch antwortete: »Deine Kleider, deine Perlen und Edelsteine und deine goldene Krone, die mag ich nicht: aber wenn du mich liebhaben willst und ich soll dein Geselle und Spielkamerad sein, an deinem Tischlein neben dir sitzen, von deinem goldenen Tellerlein essen, aus deinem Becherlein trinken, in deinem Bettlein schlafen: wenn du mir das versprichst, so will ich hinuntersteigen und dir die goldene Kugel wieder heraufholen.« – »Ach ja«, sagte sie, »ich verspreche dir alles, was du willst, wenn du mir nur die Kugel wieder bringst.« Sie dachte aber: Was der einfältige Frosch schwätzt, der sitzt im Wasser bei seinesgleichen und quakt und kann keines Menschen Geselle sein.

Diese Zeilen schildern nun mikroskopisch genau die Entstehung dieser Beziehung, die ich Prinzessin-Frosch-Beziehung nenne und die mir typisch erscheint für viele Paare, die ich kennengelernt habe. Meist ist in der allerersten Begegnung eine Beziehung schon vollständig enthalten, und so läßt sich ihre Grundstruktur sehr deutlich an den ersten Sätzen ablesen, die zwischen den Partnern getauscht werden. Mit besonderer Aufmerksamkeit wollen wir uns darum dieser Begegnung zwischen Frosch und Königstochter zuwenden.

Ihr Leid und ihre Hilflosigkeit rufen ihn auf den Plan. Er taucht aus seiner Tiefe empor und stellt eine Frage voller Mitleid und Einfühlsamkeit: »Was hast du vor, Königstochter, du schreist ja, daß sich ein Stein erbarmen möchte!« – Kennen Sie das? Wie die Hilflosigkeit eines zarten Geschöpfes Sie plötzlich Ihre eigene Hilflosigkeit, Ihr Gefühl, ein Frosch zu sein, vergessen läßt? Wie Sie plötzlich aus der Tiefe auftauchen, sich stark fühlen und hilfreich herbeieilen? Das ist oft der Anfang von Frosch-Prinzessin-Beziehungen: hilfloses Mädchen – starker (= sich deshalb stark fühlender) Mann. Natürlich gibt es das auch umgekehrt: hilfesuchender Mann – starke (sich deshalb stark und fürsorglich fühlende) Frau. Diese Beziehungsform hat natürlich ihre besondere Eigenart und ihre eigenen Nuancen. Im Grunde geht es aber um die gleichen Themen und um die gleichen Abläufe. Auch haben die Partner meist sehr ähnliche Vorerfahrungen in ihrer Kindheit und Jugend wie Frosch-Mann und Prinzessin-Frau. So bleibt, was sich zwischen diesen beiden abspielt, auch für viele andere Paare relevant,

40

selbst wenn sie sich nicht direkt in ihnen wiederfinden.

Die Tränen der Prinzessin lassen den Frosch »nach oben« kommen. Die Königstochter scheint am Anfang noch gar nichts mit ihm anfangen zu können. Sie nennt ihn verächtlich einen »alten Wasserpatscher«. – Kennen Sie das auch? Daß Ihnen ganz am Anfang für einen Moment lang klar war: »Der? Nie und nimmer!« Aber weil die Geschichte dann einen anderen Verlauf nahm, wollten Sie sich die anfängliche Klarheit nicht mehr eingestehen, und so nahmen die Dinge ihren Lauf . . .

Die Königstochter geht auf die Frage des Frosches ein: »Ich weine über meine goldene Kugel, die mir in den Brunnen hinabgefallen ist.« Ein bißchen mogelt sie ja: Sie verschweigt, was sie selber dazu beigetragen hat. Aber sie hat Angst vor ihrer eigenen Courage bekommen. Sie will die Kugel wieder zurück haben, und als Helfer bietet sich der Frosch an, und indem sie sich als das totale Opfer hinstellt, wird er in seiner Hilfsbereitschaft noch mehr bestätigt. So läßt er sich auf ein Unternehmen ein, das scheitern muß: Die goldene Kugel läßt sich in Wirklichkeit nicht wiederbringen, die Kindheit läßt sich nicht nachholen, und die Mutter läßt sich nicht durch einen Partner ersetzen. Der Versuch, mit Hilfe einer Partnerschaft die Entbehrungen einer Kindheit zu kompensieren, kann so, wie Frosch-Mann und Prinzessin-Frau es versuchen, nicht gelingen.

»Sei still und weine nicht.« – Der »alte Wasserpatscher« erweist sich als sehr feinfühlig. Er findet Worte des Trostes, die jeder Frau ans Herz rühren müssen. Der Frosch-Mann hat das Trösten und Helfen gut gelernt. Als Helfer und Tröster war er für seine Mutter wichtig, und weil er sich nicht wirklich als Mann fühlt, begegnet er Frauen lieber als ihr Helfer und Tröster, denn darin fühlt er sich kompetent: »Ich kann wohl Rat schaffen.« Was er dabei nicht weiß oder nicht beachtet, ist, daß Helfen und Trösten keine tragfähige Basis für eine Beziehung zwischen Mann und Frau sein können. »Ich kann wohl Rat schaffen, aber was gibst du mir, wenn ich dein Spielwerk wieder heraufhole?« Das Märchen spricht aus, was in der Realität in großzügigen Hilfsangeboten oft unausgesprochen und versteckt mitgeliefert wird: die Erwartung, vom anderen für den eigenen Einsatz reichlich belohnt zu werden. In der Rückschau stellen wir fest: »Schon ganz am Anfang, in dieser Situation, damals, in jenem Gespräch, habe ich es deutlich gespürt, dieses Aber hinter dem großzügigen Angebot. Er war gar nicht der starke Mann, für den er sich ausgab, er war selber ein bedürftiger, hungriger Frosch!« – Dahinter steckt, wie ich angedeutet habe, die Erfahrung: Zu geben und zu helfen war die einzige Möglichkeit des Frosches, selbst etwas zu bekommen. Kein Wunder, daß er nach demselben Muster die Partnerbeziehung aufzubauen versucht: Ich gebe dir in der Erwartung, daß ich dann von dir bekomme.

Die Königstochter reagiert darauf mit der entsprechend großzügigen Zusage: »Was du haben willst, lieber Frosch!« Die tröstenden Worte haben ihre Wirkung nicht verfehlt. Die erste spontane Abneigung ist verflogen. Aus dem »alten Wasserpatscher« ist ein »lieber Frosch« geworden, und nicht nur ein lieber Frosch, sondern einer, dem sie alles zu geben bereit ist, was er haben will. Prinzessin-Frauen haben nicht gelernt, auf ihre Gefühle zu achten. Sie sind darum leicht verführbar, wenn der Partner ihre Sehnsucht nach der goldenen Kugel, nach der mütterlich bergenden Heimat anspricht. Dann spüren sie nicht mehr, was er in ihnen auch noch auslöst, sie gehen darüber hinweg und versprechen viel zuviel: »alles, was du haben willst«. Das aber ist genau die großartige Verheißung, die auf die tiefste Sehnsucht des Frosches paßt, einmal nicht mehr der Gebende sein zu müssen, sondern nur noch empfangen zu dürfen: Liebe, Achtung, Fürsorge – all das, was er als Kind gebraucht hätte.

Das ist typisch für Frosch-Prinzessin-Beziehungen: Am Anfang werden viel zu große Worte gemacht. Es wird viel zuviel erwartet, versprochen und geglaubt. Die Sehnsucht ihrer liebebedürftigen Herzen läßt die beiden die Realität vergessen. Wenn sie nur genau hinhören würden! Denn was die Königstochter anbietet, ist gar nicht mehr »alles«: »Meine Kleider, meine Perlen und Edelsteine, auch noch die goldene Krone, die ich trage.« Was sie geben will, ist ihre glänzende Welt! Will sie sie loswerden? Spürt sie erneut die Chance, sich nun endgültig aus ihrer Scheinwelt zu befreien? Würde sie das alles hergeben, stünde sie nackt und bloß da, aber auch befreit von allem Unechten, vom Zwang ihres Prinzessinnen-Daseins. Dies ist oft die geheime Triebfeder von Prinzessin-Frauen in Partnerbeziehungen: die Hoffnung auf Erlösung aus dem »goldenen« Käfig ihrer Familie. Damit kommt aber auch zum Ausdruck, daß sie in Wirklichkeit gar nicht in der Lage ist, etwas zu geben. Vielmehr will sie etwas abgenommen bekommen, und der Frosch soll es tun.

Davon will und kann der Frosch aber nichts wissen. Denn bei ihm ist es ja ganz ähnlich. Er braucht genauso notwendig jemanden, der ihn erlöst: »Deine Kleider, deine Perlen und Edelsteine und deine goldene Krone, die mag ich nicht: aber wenn du mich liebhaben willst und ich soll dein Geselle und Spielkamerad sein . . . so will ich hinuntersteigen und dir die goldene Kugel wieder heraufholen.« Er macht damit deutlich, daß er ihr nichts abnehmen kann, schon gar nicht ihre Perlen und Edelsteine, die sie als Prinzessin kennzeichnen. Er will ja von ihr in diese strahlende Welt hineingenommen werden! Wieder so ein Moment, in dem klarwerden könnte, worum es eigentlich geht, und an den sich beide vielleicht später erinnern werden. Doch jetzt halten sie sich nicht dabei auf. Das Drama der Beziehung ist in Gang gekommen, es scheint kein Zurück mehr zu geben. »Aber wenn du mich liebhaben willst . . .« Immer wieder in diesem Dialog das »Aber«! Es zeigt an, daß etwas schiefläuft in dieser Kommunikation, daß beide die Unterhaltung von ihren verdeckten Bedürfnissen her manipulativ steuern, ohne daß sie es wahrhaben wollen. So entsteht die Illusion von Übereinstimmung und Ergänzung, und die tiefen Mißverständnisse bleiben hinter den »Abers« verborgen.

Beziehungen, in denen es später Probleme gibt, beginnen immer mit solchen »Unehrlichkeiten«. Ich setze Unehrlichkeit in Anführungszeichen aus zwei Gründen: Einmal entspringt sie nicht aus dem Wunsch, den anderen reinzulegen, sondern aus der

Sehnsucht, es möchte doch endlich wahr werden, was ich schon so lange entbehre. Zum anderen kommt sie nicht ganz ins wache Tagesbewußtsein, wie dies bei einer bewußten Täuschung der Fall ist. Die Sehnsucht ist zu stark, sie verdunkelt den Blick auf die Realität. Das ist die »Liebe«, von der gesagt wird, daß sie blind macht. Sie hat sehr wenig mit einer reifen Liebe zu tun, die hellsichtig macht wie keine andere Seelenkraft des Menschen.

Dennoch nimmt ein Teil in uns diese »Unehrlichkeit« durchaus wahr. In der Rückschau läßt sich fast immer sehr genau rekonstruieren, wie das alles abgelaufen ist und wo wer wann gemerkt hat, daß jetzt etwas nicht mehr stimmt. Mit einem Teil unserer Wahrnehmungskraft haben wir also doch »absichtlich« weggeguckt. Trotzdem möchte ich die Anführungszeichen bei dieser »Unehrlichkeit« aufrechterhalten: Manchmal habe ich den Eindruck, daß es noch eine höhere Notwendigkeit, einen tieferen Sinn gibt, der die Partner in solchen Situationen nicht klar blicken läßt. Der Sinn ist, daß der Prozeß weitergehen muß, weil es der Weg dieses Paares ist, um zur Reife zu gelangen.

Liebe für Hilfe

Ihre Kleider und Edelsteine, die mag der Frosch nicht. »Aber wenn du mich liebhaben willst...« Hier fällt das entscheidende Stichwort: Liebe sucht der Frosch. Liebe, die er nie um seiner selbst willen erfahren hat, Liebe, die ganz und ohne Vorbehalt ja sagt, die nichts verlangt und an keine Bedingung geknüpft ist. Liebe, die nicht verlangt, daß er Prinz sein muß, und die darum den Bann löst, zum Frosch werden zu müssen. All das, was er nicht erfahren hat, richtet sich als Hoffnung auf die Königstochter.

Dabei fällt auf, daß der Frosch ihre Liebe für seine Hilfe verlangt. Es ist das alte Muster, das er kennt. Nur wenn ich helfe, werde ich »geliebt«. Dieses Muster wandelt er hier ab: Wenn ich helfe, dann mußt du mich auch dafür lieben. Eigentlich ist das eine Erpressung, die Liebe von vornherein unmöglich macht. Liebe kann nur geschenkt, nicht erpreßt werden. Und außerdem: Liebe kann nicht für Hilfe gegeben werden. Hilfe ist etwas anderes als Liebe. Vor allem in der Liebe zwischen Mann und Frau gibt es oft dieses Mißverständnis: Hilfsbereitschaft wird als Liebe ausgegeben, als Liebe verstanden, und man empfindet die Verpflichtung, sie mit Liebe zu beantworten. Natürlich sind einfühlsame Hilfsbereitschaft und mütterliche Sorge in Beziehungen zwischen Mann und Frau wichtig. Aber sie sind nicht das, was Liebe zwischen ihnen ausmacht. Die fürsorglich-barmherzige und die schöpferisch-erotische Liebe, »Agape« und »Eros«, sind keine Gegensätze, sie ergänzen einander. Aber man kann nicht auf Agape eine erotische Beziehung aufbauen, und ohne Eros fehlt der Lebensgemeinschaft zwischen den Geschlechtern die Seele. Aber wie sollte der Frosch-Mann das wissen? Um als Mann eine Frau lieben zu können, müßte er bedingungslos mütterlich geliebt und väterlich klar auf den Weg zum Mann-Sein gewiesen worden sein. Er kennt zwar die Sehnsucht nach dieser bedingungslosen Liebe, was er aber erfahren hat, ist die Koppelung: Ich muß etwas geben, damit ich bekomme. Diese Verknüpfung von Hilfe und Liebe vollzieht er nun seinerseits und versucht damit, was unmöglich ist: ihre Gefühle unter Kontrolle zu bekommen und sich ihrer Liebe zu versichern.

Das ist so tragisch in Frosch-Prinzessin-Beziehungen: Man spürt, was dieser Mann, was diese Frau suchen, aber es ist mit Händen zu greifen: So wie sie es anpacken, ist es von vornherein zum Scheitern verurteilt. Seine Sehnsucht nach Liebe ist echt. Aber indem er sie aus seinem Unvermögen und aus dem Druck seines Mangels heraus erpresserisch mit seinem Hilfsangebot verbindet, verhindert er selbst, etwas davon zu erfahren.

Der Frosch sagt noch mehr darüber, was »Liebhaben« für ihn heißt: zunächst »dein Geselle und Spielkamerad sein«. Das klingt nach geschwisterlicher Liebe, nach heiler Kinderwelt, wo man miteinander herumtollt, Spaß hat, sich auch mal zankt, aber wieder verträgt und von neuem miteinander eintaucht in die weite Phantasiewelt des Spiels. So eine Kindheit, solche Geschwister hat der Frosch-Mann in aller Regel nicht gehabt. Er stand zu sehr im Bannkreis der Mutter, als daß er mit Geschwistern oder Gleichaltrigen hätte unbeschwert herumtollen können. Er zeigte sich immer älter, als er war. So geht seine Sehnsucht nach der Prinzessin-Frau nicht eigentlich auf die Frau, sondern auf das kleine, lebendige Mädchen, das er in ihr ahnt. Er sucht nicht die Frau, er sucht das Kind, mit dem er unbeschwert spielen und Kind sein kann.

Seine Sehnsucht geht aber noch viel weiter und tiefer. Was er sich wünscht, ist: »an deinem Tischlein neben dir sitzen, von deinem goldenen Tellerlein essen, aus deinem Becherlein trinken, in deinem Bettlein schlafen«. Der Frosch hat eine faszinierende Vision. Er, der häßliche Frosch, wird hilfreich sein, was er gut kann, und die Kugel heraufholen. Und dann wird sie, die schöne Königstochter, ihn mitnehmen in ihre strahlende Welt. So wie er die Beziehung in seiner Schilderung vorwegnimmt, gibt es da gar nicht mehr zwei, da sind *ein* Tisch, *ein* Teller, *ein* Becher, *ein* Bett. Der Frosch geht ganz in der Welt der Königstochter auf. Seine Hoffnung ist: Dann werde ich mit dir verschmelzen, dann bin ich mein Frosch-Sein los. Du wirst mein Frosch-Sein wegileben, du wirst mich erlösen.

Das ist es, was der Frosch-Mann im tiefsten sucht: nicht Liebe zwischen zwei Erwachsenen, nicht Liebe zwischen Mann und Frau, auch die geschwisterliche Liebe ist nicht seine tiefste Sehnsucht. Eigentlich will er eine Liebe wie zwischen Mutter und Kind. Er sucht die Wiederherstellung der ursprünglichen Mutter-Kind-Symbiose.

Die Liebe zwischen Mutter und Kind ist, wenn sie gelingt, in der ersten Zeit symbiotisch, das heißt, es gibt in ihr nicht zwei getrennte Wesen. Auch wenn das Kind schon geboren, also physisch von der Mutter getrennt ist, bilden die beiden in der ersten Zeit eine fast völlige Lebensgemeinschaft. Die Mutter stellt sich dem Kind zur Verfügung, sorgt mit ihrem Körper und mit ihrer Seele für Nahrung, Wärme, Kontakt – bei Tag und bei Nacht. Sie macht sich zum »verfügbaren Objekt« für das Kind, indem sie ihre eigenen Bedürfnisse zurückstellt und denen des Kindes Vorrang läßt. Kommt diese Mutter-Kind-Symbiose nicht zustande, entweder weil keine mütterliche Bezugsperson da war oder weil die Mutter aus ihrer eigenen Bedürftigkeit heraus nicht die Reserven hatte, so bedingungslos zu geben, bleibt das Kind auf der Suche danach, sie irgendwo doch noch zu finden, diese bergende, nährende, tragende Ureinheit mit der Mutter. Auch im Heranwachsenden und im Erwachsenen bleibt dieses Kind lebendig und auf der Suche. Vor allem in der Begegnung zwischen Mann und Frau erwacht seine ungestillte Sehnsucht von neuem, und die Hoffnung steigt in ihm auf: »Hier bei dieser schönen Frau, bei diesem starken Mann, da werde ich es endlich finden!«

Der Frosch-Mann verlangt nicht nach einer Partnerliebe, sondern nach einer Mutter-Kind-Symbiose, und das Tragische ist, daß er meint, sie ausgerechnet bei einer selber so bedürftigen Prinzessin-Frau zu finden. Wünsche und Sehnsüchte können so groß sein, daß wir die Realität nicht mehr sehen. Frosch-Mann und Prinzessin-Frau erfassen sich nicht in ihrer Realität, sondern verwechseln ihre Sehnsucht, die sich an seiner Hilfe und an ihrem Glanz entzündet hat, mit der Wirklichkeit.

Die Antwort der Königstochter auf sein Verlangen, in ihrer lichten Welt aufzugehen und so ein Frosch-Gefühl loszuwerden, lautet: »Ach ja, ich verspreche dir alles, was du willst, wenn du mir nur die Kugel wieder bringst.« – Die Prinzessin-Frau spürt, daß dieser Mann etwas hat, was sie sucht, so kompetent wie er sich darstellt, so einfühlsam und trostvoll wie er sich gibt. So etwas sucht sie am tiefen Brunnen im dunklen Wald unter dem Lindenbaum: mütterlich aufmerksame Fürsorge und Hilfsbereitschaft. Der kann die goldene Kugel wieder holen, der kann herstellen, was sie im Schloß beim König vermißt. Der kann ihr mütterliche Heimat schaffen, in der sie nicht mehr als Prinzessin für irgend jemand glänzen muß. Daß er dies an unmögliche Bedingungen knüpft, darüber meint die Königstochter hinweggehen zu können: »Was der einfältige Frosch schwätzt. Der sitzt im Wasser bei seinesgleichen und quakt und kann keines Menschen Geselle sein.« Hier kommt die andere Seite ihrer Wahrnehmung wieder heraus, der »alte Wasserpatscher«, als den sie ihn zu Anfang empfunden hat und mit dem sie so nahe eigentlich gar nichts zu tun haben wollte. Frosch-Männer machen es Prinzessin-Frauen allerdings meistens leicht, solche Empfindungen und Gedanken schnell wieder zu unterdrücken, indem sie ihre unmöglichen Bedingungen nicht so klar äußern wie der Frosch im Märchen, sondern mehr verpacken in Untertönen, Blicken und unausgesprochenen, nur vage spürbaren Erwartungen. Damit ermöglichen sie der Prinzessin-Frau, nicht auf ihre inneren Vorbehalte zu achten. So kommt eine Eindeutigkeit zustande, die ganz und gar nicht stimmt: »Ich verspreche dir alles, was du willst.« Das Übertriebene einer solchen Zusage ist offenkundig, aber darauf will wiederum der Frosch-Mann nicht hinhören. Es klingt zu schön, was sie sagt. Er hat damit erreicht, was er wollte. Für ihn ist damit der »Beziehungsvertrag« perfekt.

Der »geheime Beziehungsvertrag«

Dieser Beziehungsvertrag ist im Märchen ganz klar und offenkundig. Er lautet: »Ich, der hilfreiche Frosch, werde meine Stärke für dich, weinende Königstochter, einsetzen, dir die goldene Kugel wieder heraufholen und dir geben, was du vermißt. Du, schöne Königstochter, wirst mich, den häßlichen Frosch, dafür mitnehmen und mich in deiner strahlenden Welt mein Frosch-Sein vergessen lassen.« Oder kurz ausgedrückt: »Ich, Frosch, werde dich, Königstochter, von deiner Traurigkeit erlösen. Und dafür wirst du, Königstochter, mich, Frosch, von meinem Frosch-Sein erlösen.«

In Prinzessin-Frosch-Beziehungen wird dieser »Vertrag« meist nicht so klar formuliert. Darum nenne ich ihn den »geheimen Beziehungsvertrag«. Ich verstehe darunter jene stillschweigende und meist nicht einmal ganz bewußte Übereinkunft zwischen den Partnern, in der Leistung und Gegenleistung »geregelt« und der »Zweck« der Beziehung bestimmt wird, und dieser ist immer: sich gegenseitig die Wünsche und Bedürfnisse zu erfüllen, die in der eigenen bisherigen Beziehungsgeschichte von Anfang an unerfüllt geblieben sind. Auch und gerade ganz fundamentale und »frühe« Wünsche und Bedürfnisse, die nicht erfüllt worden sind, das Bedürfnis nach Anerkennung der eigenen Person in ihrer Individualität, nach bedingungsloser Geborgenheit und Sicherheit, versuchen die Partner in ihrem Beziehungsvertrag unterzubringen. Darum ist ein solcher Vertrag beiderseits unerfüllbar. Denn erstens ist die Zeit, diese Grundbedürfnisse in einer symbiotischen Lebensgemeinschaft erfüllt zu bekommen, vorbei – die Kindheit läßt sich nicht einfach wiederholen. Und zweitens suchen und finden sich wie in unserer Geschichte meist ausgerechnet diejenigen, die aufgrund ihrer Vorerfahrungen ganz ähnliche Mangelerlebnisse haben und deshalb besonders ungeeignet sind, sich gegenseitig zu »bemuttern«.

Sehen wir uns den »Beziehungsvertrag« zwischen Frosch und Königstochter genauer an, wird klar, daß die Beziehung in dieser Form nicht gutgehen kann: Beide »Vertragspartner« fühlen sich in einer »schwachen« Position (»Ich bin nicht okay«)[2]. Er fühlt sich als Frosch, verwunschen von einer Hexe, sie ist voller Verzagtheit über ihren Verlust. Beide sehen den anderen in einer starken Position (»Du bist okay«): Er sieht in ihr die Prinzessin, die ihn von seinem Froschsein befreien kann, sie sieht ihn als den starken Helfer, der imstande ist, ihren Mangel wettzumachen. Somit begegnen sich im Frosch-Mann und in der Prinzessin-Frau zwei hilflose Kinder, die im Grunde auf der Suche nach starken Eltern sind. Ihr fundamentales Mißverständnis liegt darin, daß jeder im anderen diese starke Elternfigur sucht und nicht wahrhaben will, daß er genauso bedürftig ist und darum das Gesuchte nicht geben kann. Daß sie das nicht erkennen und daß beide Lebenspositionen zu einem scheinbar sich ergänzenden Arrangement zusammenpassen, liegt darin, daß er sich im Moment des Zusammentreffens aufgrund ihrer Hilflosigkeit stark und sie ihre Hilflosigkeit bei seiner Stärke aufgehoben fühlen kann. Sie hilft ihm in die Position: »Ich bin okay, weil du so schwach bist«, und er ermöglicht ihr, die genau dazu passende Position einzunehmen: »Ich kann getrost nicht-okay, schwach, sein, weil du so stark bist.« Dazu kommt, daß sie sich bei all ihrer Schwäche, die sie ihm anvertrauen kann, auch noch geschmeichelt und aufgewertet fühlen muß, denn er läßt sie ja spüren: »Ich brauche deine Liebe, damit ich leben kann!« Damit suggeriert der Frosch-Mann der Prinzessin-Frau eine nahezu allmächtige Liebeskraft, und es ist – bei allen Bedenken und Vorbehalten, die auch noch da sind – doch so schön, an so etwas zu glauben.

Was beide in diesem Beziehungsvertrag ausblenden, sind die Signale, die von Anfang an deutlich machen, was sie wirklich voneinander wollen, die vielen »Abers«, die vielen Bedingungen und verqueren Verknüpfungen – Einsichten, die zwar aufblitzen, aber nicht ernst genommen werden. Die Sehnsucht danach, was da aufleuchtet, möchte wahr werden, ist so stark, daß allen realistischen Wahrnehmungen zum Trotz Frosch-Mann und Prinzessin-Frau die Beziehung zueinander eingehen. Es ist wohl ihr Weg: ein schmerzvoller Weg, wie wir schon ahnen und wie sich zeigen wird; aber wollten wir ihnen diesen Weg versperren – was sie im übrigen gar nicht zulassen würden –, würden wir ihnen ihren Entwicklungsweg versperren. Das habe ich in meiner Arbeit als Paartherapeut schon oft erfahren: Viele Paare lassen sich ihren leidvollen Weg nicht einfach wegnehmen, etwa durch Einüben »besserer Kommunikation« oder durch Einführung neuer Verhaltensregeln. Sie müssen diesen Weg bis zu Ende gehen – damit Reifung möglich wird.

Eine verpaßte Chance

Der Frosch, als er die Zusage erhalten hatte, tauchte seinen Kopf unter, sank hinab, und über ein Weilchen kam er wieder heraufgerudert, hatte die Kugel im Maul und warf sie ins Gras. Die Königstochter war voll Freude, als sie ihr schönes Spielwerk wieder erblickte, hob es auf und sprang damit fort. »Warte, warte«, rief der Frosch, »nimm mich mit, ich kann nicht so laufen wie du.« Aber was half es ihm, daß er ihr sein quak quak so laut nachschrie, als er konnte! Sie hörte nicht darauf, eilte nach Haus und hatte bald den armen Frosch vergessen, der wieder in seinen Brunnen hinabsteigen mußte.

Indem der Frosch die Kugel heraufholt, läßt er sich auf den Versuch ein, der traurigen Prinzessin die verlorene oder nie wirklich erfahrene Ganzheit wiederherzustellen. Darin geht es aber gar nicht um ihn, sondern um die mütterlich heilende Geborgenheit der Königstochter. Folgerichtig schildert das Märchen, wie die Königstochter die Kugel nimmt und nach Hause ins Schloß läuft. Was sie vom Frosch wollte, war nicht in die Zukunft gerichtet, sondern in der Vergangenheit verhaftet: Ihre Kindheit sollte ganz und heil

56

gemacht werden. Daß der Beziehungsvertrag, den sie eben eingegangen ist, noch einen zweiten Teil hat, der sie betrifft, scheint vergessen. Wir haben ja schon gesehen, daß sie gar nicht ernst genommen hat, was sie da zusagte.

Was hier geschieht, ereignet sich in Frosch-Prinzessin-Beziehungen sehr häufig und sehr bald: Der Frosch-Mann strengt sich an und müht sich ab – aber es kommt nicht viel zurück. Die Prinzessin läuft davon, nach Hause, ins Schloß. Der starke Frosch-Mann fühlt sich mit einem Mal schwach: »Ich kann nicht so laufen wie du.« Sein »ich bin okay, ich bin stark und hilfreich« verwandelt sich sehr rasch in ein »ich bin nicht okay – eigentlich bin ich es, der Hilfe braucht«. Aber die Prinzessin-Frau hört das gar nicht mehr. Sie ist nach Hause gelaufen. Das kann sich sehr verborgen abspielen. Die beiden leben durchaus »glücklich« ihre ersten Jahre, er ist emsig damit beschäftigt, ihre Kugel hochzuholen, sie freut sich darüber; aber ganz in ihrem Innern entzieht sie sich ihm, fühlbar für ihn manchmal in dem vagen Eindruck, daß mit dem, was von ihr zurückkommt, er eigentlich gar nicht wirklich gemeint ist. Weil er das aber nicht wahrhaben will, unterdrückt er, was im Märchen der Frosch ganz offen sagt: »Laß mich nicht zurück, nimm mich doch mit!« Aber ebenfalls in seinem tiefsten Inneren registriert er es sehr wohl und bucht es auf sein »Soll-Konto«. Eines Tages stellt er dann fest, daß dieses Soll-Konto sein Haben-Konto bei weitem übersteigt.

Oft zeigt sich diese erste Trennung aber auch offener und direkter, ähnlich wie im Märchen. Wie die Königstochter merkt einer von beiden, meist die Prinzessin-Frau, daß der Beziehungsvertrag so nicht halten kann, sie spürt die Überforderung und das Mißverständnis. Angstvoll überflutet es sie: »Nein, so geht das nicht, so kann es nicht gehen!« Abrupt distanziert sie sich, bricht Streitigkeiten vom Zaun, es kommt zu heftigen Konflikten, und sie läuft sogar weg wie die Königstochter nach Hause, zu ihren Eltern. In diesen ersten Trennungsimpulsen läge wieder eine Chance, sich den eigentlichen Fragen zu stellen, die darin zum Ausdruck kommen. Aber sie kann es ihm und sich natürlich nicht erklären, es ist ja nur so ein dumpfer Impuls, und darum kann er das, ähnlich wie der Frosch, zu diesem Zeitpunkt überhaupt nicht verstehen. Er kommt sich äußerst ungerecht behandelt vor, das Verhalten der Prinzessin-Frau macht ihm schreckliche Angst, denn die Tiefe des Brunnens droht wieder, und da will er nicht mehr hinab. So setzt er alles daran, sie wieder zu gewinnen und die Konflikte unter den Teppich zu kehren: »Ich weiß nicht, was du hast, es läuft doch prima bei uns, ich will mich auch ändern, und das werden wir schon noch schaffen . . .« Wie der Frosch setzt er alle Hebel in Bewegung, um die Beziehung wieder zustande zu bringen.

Entwicklung kommt in Gang

Am andern Tage, als sie mit dem König und allen Hofleuten sich zur Tafel gesetzt hatte und von ihrem goldenen Tellerlein aß, da kam, plitsch platsch, plitsch platsch, etwas die Marmortreppe heraufgekrochen, und als es oben angelangt war, klopfte es an die Tür und rief: »Königstochter, jüngste, mach mir auf.«

Die Königstochter ist davongelaufen. Sie hat gespürt, daß sie nicht halten kann, was sie versprochen hat: Liebe zu schenken, bedingungslose Liebe, eine totale Mutter-Liebe. Sie kann sie nicht geben, denn sie sucht sie selbst, und sie kann sie nicht geben, weil sie zwischen Mann und Frau grundsätzlich nicht mehr möglich ist. Die Kindheit läßt sich in einer Partnerschaft nicht nachholen. Das spürt sie, aber sie findet keinen Ausweg. Denn die Rückkehr ins elterliche Schloß, der Versuch, in die Kindheit, zu den Eltern zurückzukehren, ist ebenfalls nicht mehr möglich. Auch wenn sie ihr Leben als jüngste Königstochter wiederaufnimmt, sich mit den anderen zu Tisch setzt, als wäre nichts geschehen, es gibt kein Zurück mehr. Dafür ist, bei aller Problematik des Vorgangs, zuviel geschehen, die Entwicklung, die in Gang gekommen ist, läßt sich nicht mehr aufhalten. Die goldene Kugel, auch wenn sie der Frosch wieder heraufgeholt hat, ist in Wirklichkeit ein für allemal verloren, die geschlossene Welt der Kindheit ein für allemal zerbrochen. Die Schritte, die die Marmortreppe hochkommen, das Pochen an die Tür, sie zeigen den endgültigen Einbruch in diese »heile« Glanzwelt an.

Genauso ist es beim Frosch. Er ist zwar wieder in seinen Brunnen hinabgestiegen, er ist wieder in die tiefe Depression seines Frosch-Seins versunken, aber da hält es ihn jetzt nicht mehr. Er wird aktiv, seine Sehnsucht treibt ihn zu der schier unglaublichen Leistung, den weiten Weg zum Schloß zurückzulegen und die hohen glatten Marmorstufen emporzuklettern. Auch bei ihm ist eine unaufhaltsame Entwicklung in Gang gekommen. So bedenklich seine Antriebsfeder auch ist – er will die Erfüllung eines unerfüllbaren Vertrages einfordern, er will sich Liebe abholen, wie man sich das Geld für eine unbezahlte Rechnung holt – und sosehr dieses Vorhaben zum Scheitern verurteilt ist: dennoch weckt es ungeheure Kräfte in ihm und holt ihn ein für allemal aus der Tiefe des Brunnens heraus.

In Paarbeziehungen entfaltet sich eine ungeheure Kraft. So problematisch die Frosch-Prinzessin-Beziehung auch ist, so illusionär die Hoffnungen, so unerfüllbar ihre geheimen Beziehungsverträge und so leidvoll ihre Geschichte, sie drängt beide, Frosch-Mann und Prinzessin-Frau, in einen Entwicklungsprozeß hinein, an dessen Ende die Befreiung aus der alten Gefangenschaft, aus Brunnen und Schloß steht und neue Möglichkeiten der Beziehung sich auftun.

Aber das Positive dieser Entwicklung ist hier noch kaum zu spüren. Vorerst möchten wir dem Frosch am liebsten zurufen: »Ach, wärst du doch in deinem Brunnen geblieben, du hättest dir und ihr viel Leid erspart.« So überzeugt wir auch manchmal sagen wollen: »Ach bleibt doch bei eurer Trennung, guckt euch doch noch woanders um«, es nützt nichts. Die beiden halten die Trennung nicht aus. Sie gehen wieder zusammen, wie von Magneten angezogen. Der Frosch-Mann entwickelt ungeahnte Aktivitäten, und seiner »Werbekampagne« kann die Prinzessin-Frau nicht widerstehen.

Liebe aus schlechtem Gewissen

Sie lief und wollte sehen, wer draußen wäre, als sie aber aufmachte, so saß der Frosch davor. Da warf sie die Tür hastig zu, setzte sich wieder an den Tisch, und es war ihr ganz angst. Der König sah wohl, daß ihr das Herz gewaltig klopfte, und sprach: »Mein Kind, was fürchtest du dich, steht etwa ein Riese vor der Tür und will dich holen?« – »Ach nein«, antwortete sie, »es ist kein Riese, sondern ein garstiger Frosch.« – »Was will der Frosch von dir?« – »Ach, lieber Vater, als ich gestern im Wald bei dem Brunnen saß und spielte, da fiel meine goldene Kugel ins Wasser. Und weil ich so weinte, hat sie der Frosch wieder heraufgeholt, und weil er es durchaus verlangte, so versprach ich ihm, er sollte mein Geselle werden; ich dachte aber nimmermehr, daß er aus seinem Wasser herauskönnte. Nun ist er draußen und will zu mir herein.« Indem klopfte es zum zweitenmal und rief: »Königstochter, jüngste, mach mir auf, weißt du nicht, was gestern du zu mir gesagt bei dem kühlen Brunnenwasser? Königstochter, jüngste, mach mir auf.« Da sagte der König: »Was du versprochen hast, mußt du auch halten; geh nur und mach ihm auf.«

Warum springt ausgerechnet die Königstochter auf und öffnet die Tür? Es kann kein Zweifel daran bestehen, daß sie erkennt, wer da an die Tür pocht. Ist es nicht auch ein wenig faszinierend, daß sich da einer so viel Mühe gibt, einen solchen Aufwand treibt? »Ich mochte ihn zwar nie sonderlich gern, aber daß er sich so um mich bemühte, das tat mir schon sehr gut, und deshalb . . .«

Das Märchen stellt im Verhalten der Königstochter dar, was wir im Fachjargon »Ambivalenz« nennen. Beides ist da: Abstoßung (sie ist davongelaufen), aber auch Anziehung (sie geht und öffnet die Tür). Die Abstoßung ist nicht so stark, daß die Tür einfach zubliebe, die Anziehung ist nicht so stark, daß sie sie wirklich öffnen würde, das heißt: Die Königstochter, die Prinzessin-Frau, kann sich nicht abgrenzen. Sie spürt: »Was der Frosch von mir will, kann ich nicht geben.« Dennoch schafft sie es nicht, ein klares Nein zu sagen. Das ist ihr schwacher Punkt. Auch wenn sie noch so deutlich fühlt: »Mit dem geht es doch nicht«, schafft sie das auf die Dauer nicht. Er drängt so, wie könnte sie es ihm abschlagen? Und auch sie wünscht sich ja so sehnlich einen Partner, wie könnte sie da den Verzicht eines eindeutigen »Nein« ertragen?

Was brauchte sie in dieser Situation, da sie zitternd und mit Herzklopfen am Tisch sitzt, aber von sich aus nicht den Mut findet, ein klares Nein zu sagen? Was brauchte dieses hilflose Geschöpf in seiner Ambivalenz? Es brauchte jemand, der Schutz gibt und Orientierung: eine starke Eltern-Figur. Es sieht auch so aus, als gäbe es diese. Der König-Vater fragt besorgt: »Mein Kind, was fürchtest du dich, steht etwa ein Riese vor der Tür und will dich holen?« Und später scheint er auch Orientierung zu geben: »Was du versprochen hast, das mußt du auch halten; geh' nur und mach' ihm auf.« Aber es wird uns nicht so recht wohl dabei. Die fürsorgliche Frage geht zu sehr an der Realität der Tochter vorbei! Der König-Vater meint, ihre Welt sei noch bevölkert von Riesen und dergleichen Fabelwesen kindlicher Phantasie, die man beruhigend väterlich und überlegen dem Kind schon ausreden könne, während dieses »Kind« sich mit tiefen Beziehungsnöten herumschlägt und in Wahrheit schon lange die Kindheitswelt verlassen hat. Der Verdacht steigt auf, seine Frage sei eher elterliches Gehabe als elterliche Fürsorge. Und die Orientierung, die er gibt, ist eine leere, moralische Formel, die in keiner Weise der Situation und der Not der Königstochter gerecht wird. Ihrer Angst und Verwirrung setzt er ein abstraktes Prinzip entgegen: »Was du versprochen hast, das mußt du auch halten.« Er hört nicht hin, wie dieses Versprechen zustande gekommen ist, er interessiert sich nicht dafür, was da am Brunnen wirklich vor sich gegangen ist. Er weiß schnell und klar die Lösung des Problems. Wie es der Königstochter dabei geht, fällt nicht ins Gewicht.

Hier wird nochmals deutlich, warum ich gesagt habe, das Leben der Königstochter werde von einem einseitig männlichen Prinzip beherrscht und das Weiblich-Mütterliche komme nicht zum Zuge. Moralische Grundsätze und logische Konsequenz herrschen vor, es gibt keine Einfühlung in die konkrete Situation und kein Verständnis für die spezifische Lage. Wichtig ist nur, daß die Tochter ein braves Mädchen ist, das gut funktioniert und dem König-Vater Anlaß gibt, sich in einer überlegenen Position zu fühlen und in moralischer Rechtschaffenheit zu gefallen.

Die Prinzessin-Frau hat solche Eltern erlebt. Sie hat die Botschaft empfangen, daß sie für sich genommen nicht viel wert ist, sondern dazu da, als liebes, strahlendes und angepaßtes Kind den Eltern zu gefallen und ihnen das Bewußtsein zu geben, gute Eltern zu sein. Sie hat von ihnen nicht die wirklich wichtigen Dinge fürs Leben gelernt, zum Beispiel wie man mit Beziehungen umgeht und was das heißt, eine Frau zu werden. Sie hat nur abstrakte Prinzipien mitbekommen. Diese hat sie als ihr eigenes »Eltern-Ich«[3], wie wir sagen, in sich hineingenommen. Sie sucht mit diesem Eltern-Ich Halt und Orientierung im Leben, aber sie findet sie nicht. Sie kann sich nicht wirklich um sich und ihre Bedürfnisse kümmern, hat für sich selber kaum ein »nährendes Eltern-Ich«, und ihren eigenen Gefühlen – Angst und Herzklopfen – begegnet sie mit den moralischen Prinzipien ihres »kritischen Eltern-Ich«: Was du versprochen hast, mußt du auch halten – und das gilt dann auch für Versprechen, die man wie hier gar nicht halten *kann*. Der Prinzessin-Frau steht in ihrer Ambivalenz und Orientierungslosigkeit kein klares und hilfreiches Eltern-Ich zur Verfügung, denn die eigenen Eltern gaben dafür kein gutes Modell ab. Nun steht sie ohne Orientierung und Schutz im Leben, geht über ihre Gefühle hinweg und paßt sich dem Druck von außen und innen an.

Es ist, als ob der Frosch das intuitiv erfassen würde. Während sie noch erzählt, haut er genau in diese Kerbe: »Weißt du nicht, was gestern du zu mir gesagt?« Damit liefert er dem König oder dem »kritischen Eltern-Ich« der Prinzessin-Frau das Stichwort: »Was du versprochen hast, das mußt du auch halten!« Der Konflikt wird nicht durch Besinnung auf die eigenen Gefühle und Möglichkeiten gelöst, sondern durch Rückgriff auf übernommene moralische Prinzipien, die zu gelten haben, auch wenn der Mensch daran zerbricht. Damit ist die Geschichte dieser Beziehung ein weiteres Stück vorangekommen. Die Prinzessin öffnet die Tür. Ihr schlechtes Gewissen, elterliche Moralprinzipien und die eigene Unentschiedenheit haben die Trennung wieder rückgängig gemacht.

Moral und moralische Verpflichtung spielen in Prinzessin-Frosch-Beziehungen oft eine große Rolle. Mit Hilflosigkeit (»nimm mich mit, ich kann nicht so laufen wie du«) und moralischen Appellen (»weißt du nicht, was gestern du gesagt . . .«) läßt sich die Prinzessin-Frau vom Frosch-Mann leicht ein schlechtes Gewissen machen. Ihr eigenes kritisches Eltern-Ich verbündet sich mit ihm, und so wird dieses Vorgehen eine machtvolle Strategie, um zu erzwingen, was sich nicht von allein einstellt, nämlich Zuneigung, und rückgängig zu machen, was seinen Wünschen zuwiderläuft, nämlich ihre Distanzierung.

Wichtig ist auch zu sehen, wie der Frosch zu einem neuen Mittel greift, als die Verknüpfung »Hilfe für Liebe – Liebe für Hilfe« nicht mehr wirkt: zum Mittel des moralischen Drucks. Liebe zwischen Mann und Frau ist entweder von selber da, als Geschenk, voraussetzungs- und bedingungslos, oder sie ist nicht da. Sie läßt sich nicht mit hilfreichem Verhalten hervorlok-

66

ken und schon gar nicht mit Moral erzwingen. »Du hast doch gesagt ...«; wenn dieser Vorwurf Liebe einklagen soll, lassen Sie sich bitte auf ein solches Gespräch erst gar nicht mehr ein, es *kann* nur in einem sinnlosen Hickhack enden. Liebe als moralische Verpflichtung, Liebe aus schlechtem Gewissen, das ist keine Liebe, sondern Vortäuschung falscher Tatsachen. »Furcht gibt es in der Liebe nicht«, steht im Neuen Testament, auch keine Gewissensfurcht aus Gewissenszwang. »Denn die Furcht rechnet mit Strafe, und wer sich fürchtet, dessen Liebe ist nicht vollendet« (1. Johannes 4,18).

Vergessen wollen wir dabei nicht die Not des Frosch-Mannes, aus der dieses Erzwingenwollen von Liebe mit Hilfreichsein und Moral entspringt. Er erlebt ja wieder, was er unter bitteren Schmerzen tausendfach bei seiner Mutter erlebt hat: Sie war nicht einfach da, sie war nicht für ihn verfügbar, er mußte zu immer stärkeren Mitteln greifen, um sie unter Kontrolle zu bringen und sich zu verpflichten. Dieselben Manipulationen, die er dabei gelernt hat, wendet er jetzt an, da die Geliebte sich ihm zu entziehen und er wieder in die Tiefe zu stürzen droht. Solche Manipulationen, sich dem anderen hilfreich zu zeigen, oder auch hilflos, oder ihm Schuldgefühle zu machen, sind häufig. Natürlich, für sich betrachtet, ist dies ein schlimmes Verhalten. Aber vergessen wir nicht, aus welcher existentiellen Not es geboren ist. Es ist der verzweifelte Versuch, zu erzwingen, was man nur geschenkt bekommen kann und dennoch so dringend braucht, um zu leben.

Ein hilfloser Helfer

Sie ging und öffnete die Türe, da hüpfte der Frosch
herein, ihr immer auf dem Fuße nach, bis zu ihrem
Stuhl. Da saß er und rief: »Heb mich herauf zu dir.«
Sie zauderte, bis es endlich der König befahl. Als
der Frosch erst auf dem Stuhl war, wollte er auf den
Tisch, und als er da saß, sprach er: »Nun schieb mir
dein goldenes Tellerlein näher, damit wir zusammen essen.« Das tat sie zwar, aber man sah wohl,
daß sie's nicht gerne tat. Der Frosch ließ sich's gut
schmecken, aber ihr blieb fast jeder Bissen im
Halse.

Nun kommt die ganze unersättliche Bedürftigkeit
des Frosches zum Vorschein, die bis jetzt hinter
seinem Helferverhalten[4] verborgen war. Er läuft hinter ihr her und hängt sich an wie ein kleines Kind. Es
sieht so aus, als könne er, nachdem er den weiten Weg
zurückgelegt hat und die Marmortreppe hochgeklet-
tert ist, aus eigenem nun gar nichts mehr. Er sitzt
einfach da und will von ihr hochgehoben werden. Das
Bedürfnis, passiv versorgt zu werden, drängt alles
andere zurück. »Heb' mich herauf zu dir«: Das war ja
sein Erlösungswunsch von Anfang an und die Chance,
die er in dieser Beziehung gesehen hatte: hochgeho-

68

ben zu werden in die lichte, strahlende Welt der Prinzessin. Wie es um die Königstochter steht, was sie fühlt, ihre Angst und Verwirrung, das allerdings fällt dem Frosch gar nicht mehr auf. Es geht nur noch um ihn.

Der Frosch-Mann sieht, wenn er mit seiner eigenen Not in Kontakt gekommen ist, die Bedürftigkeit der Prinzessin-Frau nicht mehr. Aber auch die Prinzessin-Frau nimmt ihre Gefühle nicht wirklich ernst. Sie spürt, daß sie zu all dem, was da von ihr verlangt wird, doch gar nicht in der Lage ist. Aber weil es ihr »kritisches Eltern-Ich«, ihr schlechtes Gewissen verlangt, so geht sie auf die Bedürfnisse des Frosch-Mannes, äußerlich jedenfalls, ein. Aber man sieht deutlich: Es ist ein falsches Eingehen. Es stimmt nicht, denn in Wirklichkeit ist sie überhaupt nicht bereit, das zu geben, was sie gibt.

Hier wäre eine andere Moral wichtiger als die der Prinzipien des König-Vaters, nämlich die Moral der Übereinstimmung mit sich selbst. Danach ist es unmoralisch, zu geben, was man nicht geben kann, auch wenn es der andere noch so dringlich verlangt. Beziehungen kommen dadurch nicht in Ordnung, sondern verstricken sich immer mehr, wenn einer, weil es der andere ja so dringend möchte, gibt, was nicht aus dem Herzen kommt, sondern aus schlechtem Gewissen. Wie wir in der Geschichte weiter sehen werden, vergiftet dies die Beziehung, auch wenn beide sich noch so bemühen, es gut zu machen.

Prüfen Sie doch für einen Augenblick nach: Wo habe ich mich in meiner Partnerbeziehung auf ein solches Arrangement eingelassen? Wo gleiche ich die

Passivität und die Minderwertigkeitsgefühle meines Partners mit Dauerengagement aus, weil ich meine, er könnte es anders nicht ertragen? Und ist es nicht so, daß Sie dann zwar geben und hilfreich sind, aber nur mit einem geheimen Groll im Herzen, weil Sie sich ausgebeutet, benutzt, mißbraucht fühlen? Diese Verpflichtung »aus Liebe« läßt die wahre Liebe in Ihrem Herzen mehr und mehr ersterben. Ist das nicht viel liebloser als ein klares »Nein«? Ein klares »Nein« zur rechten Zeit würde Ihre Liebe nicht töten, es würde mit Ihnen mehr übereinstimmen *und* würde eine neue Situation schaffen und damit Ihnen beiden eine neue Chance geben.

Dazu scheint aber unsere Prinzessin noch nicht in der Lage zu sein. Sie hebt den Frosch auf den Stuhl. »Als der Frosch erst auf dem Stuhl war, wollte er auf den Tisch, und als er da saß, sprach er: ›Nun schieb mir dein goldenes Tellerlein näher, damit wir zusammen essen.‹« Stuhl – Tisch – Teller: Der Frosch kann nicht genug kriegen. Seine Unersättlichkeit kommt in dieser Steigerung zum Ausdruck – die Unersättlichkeit, die viele Frosch-Männer über lange Zeit hinter ihrem starken, hilfreichen Verhalten verborgen haben. Um selbst etwas zu bekommen und auf diesem Weg wichtig zu werden, haben sie dieses Helfen als eine Art »Ersatzverhalten« entwickelt und damit ihre Bedürftigkeit verdeckt. Sie können es besonders gut, »goldene Kugeln« aus tiefem Brunnen heraufholen, und oft haben sie ihr ganzes Leben dem Helfen gewidmet, indem sie Sozialarbeiter, Pfarrer, Lehrer, Therapeuten oder ähnliches geworden sind. Dabei leisten sie natürlich auch sehr viel Gutes und Nützliches, aber der Ersatzcharakter ihres hilfreichen Verhaltens wird deutlich, wenn sie eine Partnerbeziehung eingehen. Hier, in dieser nahen Beziehung, bricht das ursprüngliche Bedürfnis, »hochgehoben« und genährt zu werden, also nach symbiotischer Nähe, mit aller Macht hervor. Die Prinzessin-Frau kennt ihn nicht wieder. »Er war doch damals, als ich ihn kennenlernte, so anders! Wie konnte ich mich nur so total in ihm täuschen?« Ja, Sie haben sich getäuscht, denn Sie haben sein hilfreiches Verhalten als Stärke gedeutet. In Wirklichkeit war es ein Ersatzverhalten, eine erlernte Überlebensstrategie, mit der er sich davor bewahrte, ins tiefe Loch seines Brunnens zu fallen. Und Sie erschienen ihm als die Möglichkeit, dieses Loch zu füllen, darum lernen Sie ihn plötzlich von einer so anderen Seite kennen!

Während er sich ganz seinem symbiotischen Bedürfnis hingibt, bleibt ihr jeder Bissen im Hals stecken. Der Frosch scheint davon nichts zu merken. Er läßt es sich schmecken. Er merkt nichts davon, weil es jetzt endlich nur mehr um ihn gehen soll. Jetzt scheint endlich die Zeit angebrochen, da er jemanden hat, der nur für ihn da ist, nur und ausschließlich für ihn. Darum merkt er immer noch nicht, mit welchem Gesicht und in welcher Körperhaltung die Königstochter neben ihm sitzt. Beide sind in sich selbst gefangen, er in seinem gierigen Schlingen, sie in ihrer Angst und ihrem Ekel. Jeder dreht sich nur noch um sich und ist nicht imstande, auf den anderen einzugehen.

Das ist die Tragik von Frosch-Prinzessin-Beziehungen. Die ähnlichen Vorerfahrungen geben dem Frosch-Mann und der Prinzessin-Frau ein tiefes

Gefühl der Seelenverwandtschaft, die tiefste Basis ihrer Beziehung. Aber ihre Bedürftigkeit und der Wunsch, vom anderen genährt und widergespiegelt zu werden, sind zu groß, daß sie nicht auf das eingehen können, was sie im Laufe der Zeit bei dem anderen immer besser verstehen lernen. Im Gegenteil, daß es beim anderen auch so ist, obwohl es so anders schien, erfüllt sie mit Verachtung, Ekel und Wut. Sie fühlen sich voneinander betrogen, vom anderen übers Ohr gehauen, und je länger die Beziehung geht, um so mehr solcher Gefühle sammeln sie an. Aber oft können sie sie auch nicht loswerden, weil sie andererseits recht gut verstehen, was beim anderen vorgeht. So entsteht manchmal eine ungeheure Spannung zwischen den beiden, die jegliche Lebendigkeit erstarren läßt oder sich in schlimmen Ausbrüchen von Wut und Verzweiflung entlädt.

Was Sex alles sein kann

Endlich sprach er: »Ich habe mich sattgegessen und bin müde; nun trag mich in dein Kämmerlein und mach dein seiden Bettlein zurecht, da wollen wir uns schlafenlegen.« Die Königstochter fing an zu weinen und fürchtete sich vor dem kalten Frosch, den sie nicht anzurühren getraute, und der nun in ihrem schönen reinen Bettlein schlafen sollte.

Sich satt zu essen, das allein genügt dem Frosch noch nicht. Essen allein macht nicht wirklich satt. Darum verlangt der Frosch immer mehr. Es ist ein untrügliches Zeichen, daß versucht wird, Bedürfnisse auf falschem Weg zu befriedigen, wenn es nie ein Ende hat, wenn es immer weitergehen muß. Suchtverhalten im Essen, Trinken, Rauchen, der Zwang zu kaufen, zwanghaftes Streben nach Erfolg im Beruf oder in der »Liebe« sind von dieser Art: Es braucht immer mehr und ist doch nie genug.

Das Bedürfnis des Frosches nach symbiotischer Verschmelzung mit der Königstochter kann durch das gemeinsame Essen am selben Tisch und vom selben Teller natürlich nicht befriedigt werden. Es drängt weiter und sucht nach intensiverer Erfahrung des Einswerdens: »Trag mich in dein Kämmerlein und mach dein seiden Bettlein zurecht, da wollen wir uns schlafenlegen.« Daß es sich bei dem, was sich hier anbahnt, nicht um eine reife sexuelle Begegnung zwischen Mann und Frau handelt, wird in der Passivität des Frosches deutlich: Er möchte, daß sie ihn trägt und ihm ihr Bettlein zurechtmacht. Sein Wunsch geht eher auf ein mütterliches Versorgtwerden denn auf sexuelle Begegnung.

In Prinzessin-Frosch-Beziehungen hat Sexualität oft diese Bedeutung. Abgesehen davon, daß im sexuellen Erleben die Bestätigung gesucht wird, ein »richtiger Mann«, eine »richtige Frau« zu sein, die Frosch-Mann und Prinzessin-Frau doch so bitter nötig haben, kommt die innige körperliche Vereinigung der sexuellen Begegnung doch am ehesten der Vorstellung von symbiotischer Verschmelzung nahe. Für einen Augenblick können sich die beiden der Illusion hingeben, jene ersehnte Ureinheit zwischen Mutter und Kind wäre nun wiederhergestellt. Da es aber natürlich nicht so ist, wird auch die sexuelle Begegnung nicht ausreichen. Darüber hinaus gibt es aber keine intensivere Vereinigung mehr, und so wird es in Prinzessin-Frosch-Beziehungen – meist für einen von beiden – unendlich wichtig, immer und immer wieder mit dem Partner zu schlafen, um der Illusion der erlösenden Verschmelzung Nahrung zu geben. – »Wenn er mich endlich dazu gebracht hat, daß ich mit ihm schlafe, dann ist er der zufriedenste Mensch!« – freilich nur für den Moment, denn was er sucht, findet er auch im Bett nicht wirklich, darum muß er es morgen und übermorgen von neuem suchen.

Sexualität ist die deutlichste Ausdrucksform des

Mann-Seins und Frau-Seins und der schöpferischen Begegnung zwischen Mann und Frau. Sie kann aber auch als Ausdruck für viele andere Gefühle und Bedürfnisse dienen, die mit reifem Mann- und Frau-Sein sowie mit Kreativität und Produktivität sehr wenig zu tun haben. Der Frosch-Mann drückt im sexuellen Bedürfnis sehr oft sein frühkindliches Bedürfnis nach symbiotischer Verschmelzung mit der Mutter aus. Dies wird, ähnlich wie in unserem Märchen, deutlich darin, daß er sich sehr passiv verhält und total auf sich bezogen bleibt, so daß die Prinzessin-Frau das Gefühl bekommt, sie sei als Geschlechtspartnerin gar nicht gefragt, sondern lediglich als – im Grunde auswechselbare – Bedürfnis-Befriedigerin. Dies erlebt sie natürlich als kränkend, weil sie aus ihrer eigenen Problematik ebenfalls den sehnlichen Wunsch hat, passiv befriedigt zu werden, und weil sie auch den starken Wunsch hat, als Frau sexuell bestätigt zu werden. Dazu ist der Frosch-Mann zu diesem Zeitpunkt aber nicht in der Lage, was dazu führt, daß die Prinzessin-Frau seinem sexuellen Verlangen mit Abwehr zu begegnen beginnt: »Die Königstochter fing an zu weinen und fürchtete sich vor dem kalten Frosch, den sie nicht anzurühren getraute, und der nun in ihrem schönen reinen Bettlein schlafen wollte.«

Das reine Bettlein soll nicht befleckt werden. Für die Prinzessin-Frau bekommt Sexualität – in diesem Zusammenhang erlebt – etwas Ekliges, Schmutziges. Darin drückt sie nicht nur ihre eigene kindliche Unreife aus, in deren Welt sexuelle Begegnung noch keinen Platz hat, sie reagiert damit auch auf die Tatsache, daß Sexualität wirklich nicht in diesen

Zusammenhang »paßt«, weil es eigentlich um ein anderes, viel »früheres« Bedürfnis geht.

In Prinzessin-Frosch-Beziehungen muß es über kurz oder lang zu schweren sexuellen Problemen kommen. Ihre Abweisung kann er leicht als Frigidität interpretieren, während bei ihm »alles normal« ist. Daraus macht er ihr einen Vorwurf, und weil sie das ganze Geschehen auch nicht versteht, zieht sie sich diesen Vorwurf an und reagiert mit Selbstvorwürfen oder Gegenangriffen, die die Selbstanklage verdekken sollen.

Damit haben die beiden »ein sexuelles Problem«, und die Handgreiflichkeit und Offensichtlichkeit dieses Problems ermöglicht es ihnen dann oft, eine Eheberatung oder eine Paartherapie in Anspruch zu nehmen. Insofern ist es gut, daß beider Konflikt sich als sexuelles Problem darstellt, sonst würden sie vielleicht die Schwelle dazu noch lange nicht überwinden. Nur darf der Berater nicht meinen, er würde bei dem Paar irgend etwas ausrichten, wenn er dessen Problemdefinition »sexuelle Schwierigkeiten wegen Frigidität der Frau« übernimmt. Bevor nicht deutlich geworden ist, in welchem tieferen Zusammenhang dieses sexuelle Problem steht und daß der angeblich »normale« Partner genauso Anteil hat an den Schwierigkeiten, indem er in der Sexualität seine symbiotischen Verschmelzungswünsche erfüllt sehen will, wird ein Veränderungsprozeß nicht in Gang kommen.

»Spiele der Erwachsenen«

Der König aber ward zornig und sprach: »Wer dir geholfen hat, als du in der Not warst, den sollst du hernach nicht verachten.« Da packte sie ihn mit zwei Fingern, trug ihn hinauf und setzte ihn in eine Ecke. Als sie aber im Bett lag, kam er gekrochen und sprach: »Ich bin müde, ich will schlafen so gut wie du: heb mich herauf, oder ich sag's deinem Vater.«
Da ward sie erst bitterböse, holte ihn herauf und warf ihn aus allen Kräften wider die Wand; »nun wirst du Ruhe haben, du garstiger Frosch.«

Wieder gibt der König-Vater eines seiner Moralprinzipien von sich, gegen die an sich nichts einzuwenden ist, die aber in dieser Situation wieder von so wenig Einfühlungsvermögen in die Not seiner Tochter zeugen, daß sich unser Eindruck von der Eltern-Beziehung der Königstochter, wie wir sie skizziert haben, nur verstärkt. Wieder wird in diesem Prinzip die unselige Verkoppelung von Hilfe und Verpflichtung zur Liebe vollzogen, und es wird wieder deutlich, wie sehr dieses Königskind von seinen Eltern-Figuren mit den wirklich wichtigen Fragen des Lebens allein gelassen ist. Die Moralprinzipien ihres

»kritischen Eltern-Ich« lassen der Prinzessin-Frau keine Alternative. Sie macht weiter und fügt sich – aber wie sie das tut, darin kommt immer deutlicher zum Ausdruck, wo sie innerlich mit dieser Beziehung steht und wieviel Wut sie bereits angesammelt hat: Sie packt den Frosch mit zwei Fingern und setzt ihn in eine Ecke ihres Zimmers.

Wir erleben ab jetzt eine der bösen Szenen, wie sie sich in Prinzessin-Frosch-Beziehungen abspielen, wenn sich die Hoffnungen vom Anfang nicht erfüllen. Er – insgesamt schwer verunsichert in seinem Mann-Sein – möchte immer wieder dem Problem beikommen, indem er mit ihr Sexualität erlebt. Sie mag ihn kaum noch anfassen, möchte ihn am liebsten in die hinterste Ecke des Schlafzimmers verbannen, oder sucht selbst das Weite, indem sie sich im Kinderzimmer zum Schlafen legt.

Natürlich muß sie sich in dieser Situation verschließen, doch macht sie das, weil sie selbst nicht versteht warum und sich innerlich zu sehr unter Druck fühlt, nicht offen, sondern indirekt und mit schlechtem Gewissen. So gibt es keinen Ausweg aus der Verstrickung. Was sie nicht zu sagen wagt, nämlich ein klares Nein, das besorgt nun ihr Körper. Weil sie nicht nein *sagt, handelt* ihr Körper nun »nein«. Er verschließt sich, und so wird sie immer mehr zur »frigiden Frau«, die »keinen Spaß am Sex« hat.

»Als sie aber im Bett lag, kam er angekrochen und sprach: ›... heb' mich herauf, oder ich sag's deinem Vater.‹« Dies sind die nächsten Schritte des Dramas: Er kommt angekrochen oder beginnt zu drohen. Der Frosch-Mann bittet und bettelt und macht sich damit für die Prinzessin-Frau als Mann noch unattraktiver. Darum braucht er als nächste Steigerung massive Drohungen: »Ich sag's deinen Eltern, was du für eine bist.« Oder: »Ich gehe zum Rechtsanwalt und reiche die Scheidung ein, dann wirst du schon sehen, wo du bleibst.« Immer mehr wird auch bei ihm die Wut spürbar darüber, daß sie sich von ihm nicht dazu drängen läßt, ihn »heraufzuheben«, daß er auch bei dieser Frau nicht die Macht hat, zu erzwingen, was ihm seine Mutter (und andere Frauen) versagt haben. Auch sie macht ihn zum Frosch, stellt ihn in die Ecke, und so will er erst recht erzwingen, was sie ihm nicht freiwillig gibt, und das Bett wird dabei zum Testfall.

An diesem Testfall erreicht unsere Geschichte ihren Höhepunkt. Nun – endlich möchte man sagen – brechen auch ihre Wut und ihr Haß auf den Frosch aus ihr heraus. Bitterböse packt sie ihn, holt ihn hoch und wirft ihn mit aller Kraft an die Wand: »Nun wirst du Ruhe haben, du garstiger Frosch.« Im Märchen bringt dieser Wutausbruch die Wende des Dramas. Wir werden sehen, warum, und werden uns damit noch eingehend beschäftigen. Vorerst befassen wir uns aber noch nicht mit dieser Wende, denn im täglichen Leben erreichen Prinzessin-Frosch-Paare oft diesen »Höhepunkt«, ohne daß es dabei zur Verwandlung kommt. Im Gegenteil: Es beginnt wieder von vorne, treibt unaufhaltsam wieder auf diesen Gipfel zu und beginnt wieder von neuem. Tätliche Auseinandersetzungen wie im Märchen sind dabei keine Seltenheit, denn die Verzweiflung darüber, daß sich nicht herstellen läßt, was man so sehr wünscht, sucht eine dramatische Entladung.

Das »An-die-Wand-geworfen-Werden« kann viele Formen annehmen, dramatische oder weniger dramatische, offene oder versteckte. Es kann ein Streit sein, der auf unerklärliche Weise immer dann entflammt, wenn die beiden gerade zu Bett gehen, und damit endet, daß sie natürlich jetzt nicht mehr mit ihm schlafen kann; oder es ist ihre Müdigkeit, die sie »zwingt«, ihn zu vertrösten. Oder sie wird so lange im Bad nicht fertig, bis er endlich eingeschlafen ist. Immer läuft es darauf hinaus, daß er sich an die Wand geklatscht fühlt, was ihn aber nicht daran hindert, es immer wieder von neuem zu versuchen, immer wieder von neuem »angekrochen« zu kommen.

Oder noch weiter im Vorfeld: Es kann sein, daß sie nie mit seinem Verhalten zufrieden ist; er kann tun, was er will, es ist immer zuviel oder zuwenig, richtig ist es nie. Und wenn er sich ganz besonders angestrengt hat, dann war es gerade falsch. Oder: Immer dann, wenn sie mit Freunden und Gästen zusammen sind, wird sie auf einmal lebendig, wie er sie sonst schon lange nicht erlebt hat, und wenn er sich einschaltet, um auch mitzumachen, erteilt sie ihm plötzlich vor den anderen eine Abfuhr, daß ihm die Ohren klingen. – Immer wieder versucht er's, immer wieder fliegt er an die Wand, immer wieder probiert er's von neuem. Aber auch sie feiert keineswegs große Triumphe. Irgend etwas ist sie zwar an ihn losgeworden, was sich in ihr aufgestaut hat, aber in ihrem Herzen wird von neuem die Verzweiflung wach, die sie damals im Wald am Brunnen gefühlt hat, als sie die Kugel verlor ...

Solche Abläufe können sich über lange Zeit immer und immer wiederholen. Meist sind sie von bemerkenswerter Gleichförmigkeit. Sie beginnen ähnlich, haben einen ähnlichen Verlauf und enden mit dem gleichen – lauten oder leiseren – Knalleffekt. Schon am Anfang scheint der Ausgang vorprogrammiert. Es ist, als ob es nach verborgenen Regeln ginge, die beide gleichwohl genau kennen und an die sie sich strikt halten. Deshalb hat man solche Abläufe »Spiele« genannt, »Spiele der Erwachsenen«[5], obwohl ihnen das Spielerisch-Lustvolle abgeht, abgesehen von einer gewissen selbstquälerischen Leidenslust, die sich manchmal darin äußert. »Immer läuft das Gleiche zwischen uns. Immer ist er am Ende verletzt, und ich hab' die Schuld . . .« So berichten sie dann.

Warum läuft es denn immer und immer wieder so? Warum muß der Frosch-Mann immer wieder an die Wand fliegen und die Prinzessin-Frau wütend, unglücklich und schuldbewußt sein? Woher der Drang, solche »Spiele« immer wieder zu spielen? Würden Frosch-Mann und Prinzessin-Frau damit aufhören, wären sie mit der Frage konfrontiert: Haben wir eine Beziehung aufgebaut, die so nicht geht? Erwarte ich vom anderen nicht viel zuviel, erwarte ich nicht, was kein Mensch mir mehr geben kann? – Und müßten sie dann nicht den anderen aus der Verpflichtung entlassen, für das eigene innere verletzte Kind zu sorgen? Und wären sie dann nicht von neuem und erst recht dem Schmerz der weinenden Prinzessin im dunklen Wald und der Depression des Frosches im tiefen Brunnen ausgeliefert? Das vermeiden sie, weil sie meinen, es täte zu weh. Spiele geben die Möglichkeit, dem anderen die Schuld zuzuschieben und damit die Illusion aufrechtzuerhalten: »Es ginge ja, wenn nur du nicht ...« Aber eine Lösung ist das natürlich nicht, und deshalb muß man es immer wieder von neuem versuchen.

Wie die Nadel der Schallplatte, die immer wieder an derselben Stelle hängenbleibt, zurückspringt und wieder hängenbleibt, so spielt das Leben das Märchen vom Froschkönig: vom Hochholen der Kugel, bis der Frosch an die Wand fliegt, und wieder von vorne.

Ich erschrecke immer wieder darüber, wie schlimm Männer und Frauen, die in dieser Prinzessin-Frosch-Dynamik gefangen sind, miteinander umgehen. Oft sind sie, für sich genommen, warmherzige Menschen, die mir sympathisch sind, ja die ich ausgesprochen mag. Wenn sie zusammen sind, sind sie wie besessen, werten sich ab, verletzen sich, traktieren sich mit sinnloser Wut, werden unersättlich und manipulativ wie der Frosch oder hart, abweisend und verächtlich wie die Königstochter. Verständlich wird dieses Verhalten erst, wenn man begreift, daß sich darin der verzweifelte Kampf ausdrückt um die bedingungslose mütterlich-väterliche Annahme, der Kampf um die Freigabe zum eigenen Mann-Sein oder Frau-Sein, der Kampf um den Segen: »Ich lasse dich nicht, du segnest mich denn!« Es ist die Sehnsucht nach diesem Segen, die sie so unerbittlich kämpfen läßt.

Doch die andauernde Wiederholung der »Spiele« ist das untrügliche Zeichen, daß dieser Kampf aussichtslos geworden ist. Der Beziehungsvertrag ist gescheitert. Der Segen ist so nicht zu bekommen. Es kommt nun alles darauf an, daß die beiden sich dieses Scheitern eingestehen. Das Eingeständnis, daß »alles verloren ist«, ist der erste Schritt, »alles zu gewinnen«.

Die Verwandlung der Königstochter

*Da ward sie erst bitterböse, holte ihn herauf und
warf ihn aus allen Kräften wider die Wand; »nun
wirst du Ruhe haben, du garstiger Frosch.«*

Dieser Ausbruch bringt im Märchen die Wende und
die Verwandlung: Der Frosch wird zum Königssohn. Im Leben, haben wir gesagt, beginnt es nach
dem Ausbruch meist wieder von vorne. Ist die Verwandlung also nur ein illusionärer, »märchenhafter«
Schluß, ein Happy-End, das man im Blick auf das
Leben ruhig wegstreichen kann? Ich denke nicht.

Das Märchen schildert die Verwandlung nicht als
Prozeß, und natürlich bedient es sich nicht der Sprache
psychologischer Beschreibung. Es geht alles ein bißchen plötzlich und auf einen Schlag, wie es im Leben
meistens nicht geht – obwohl es auch da Schlüsseler-
lebnisse geben kann, durch die mit einem Mal alles
anders wird, als es vorher war. Auf jeden Fall enthält
aber die Bildersprache des Märchens sehr genaue
Hinweise, wie es in solchen Auseinandersetzungen
nicht wieder zu den endlosen Wiederholungen der
»Spiele der Erwachsenen« kommen muß, sondern ein
wirklicher Neubeginn möglich wird.

Wenn wir uns den Text genau ansehen, bemerken

wir, daß der Vorgang, den das Märchen schildert, sich darin von »Spielen« unterscheidet, daß er von großer Eindeutigkeit und Klarheit ist. Es gibt keine »Aber« mehr, keine Versprechen, in denen verborgene Wünsche mitgeliefert werden, keine Handlungen, die im Widerspruch zur inneren Haltung stehen. Die Königstochter hört auf, dem Schein den Vorrang zu geben vor dem, was ist. Und das in mehrfacher Hinsicht.

Sie bringt den Mut auf, »häßlich« zu sein. Bisher war sie immer nur wunderschön. Seiten, die diese Schönheit verdunkelten, Gefühle wie Angst, Trauer und Ekel, die durften nicht sein, der König reagierte darauf mit Zorn. Nun aber bricht die Wut aus ihr heraus, auch so ein häßliches Gefühl, das ihr liebes Gesicht entstellt und böse Worte auf ihre Zunge drängt: »Nun wirst du Ruhe haben, du garstiger Frosch!« Die Königstochter steht dazu. Sie verleugnet nicht mehr ihre dunklen Seiten und findet damit zu sich selbst.

Prinzessin-Frauen wie auch Frosch-Männer verhindern oft dadurch Entwicklungen, daß sie vermeiden, das schöne Bild, das sie von sich und andere von ihnen haben, durch den Ausdruck »häßlicher Gefühle« zu entstellen. Sie gestehen sich Wut und Aggression nicht zu. Natürlich werden sie trotzdem eine Menge Wut aneinander los, weil diese sich nicht mehr einfach so abstoppen läßt. Aber diese Wut wirkt destruktiv und ist eine Quelle von sinnlosem Leid, weil sie eben nur so herausbricht, wie durch ein Überdruckventil, und dann schnell wieder unterdrückt wird, weil sie ja nicht sein darf, und alles bleibt beim alten. Die Königstochter dagegen läßt die Wut zu, und sie läßt sie nicht nur verpuffen, sondern setzt sie in kraftvolles Handeln um. Dieses Handeln macht ganz klar: »Nein, so nicht mehr!« Die Wut hilft ihr, die längst fällige Abgrenzung in Tat *und* Wort zu vollziehen und damit die Lüge, die ihr Mitmachen bisher war, zu beenden.

Damit bringt die Wut die Königstochter auch dazu – und das ist das zweite –, die Gebote des König-Vaters offen zu übertreten, in denen sie bisher gefangen war. Sie wirft nicht nur den Frosch an die Wand, sie wirft damit auch das Gesetz des Vaters über Bord – dieses männlich-einseitige »Du sollst« ohne Rücksicht auf Verluste. Sie hat den Mut, häßlich zu sein, auch im Sinn von »böse«, »unmoralisch«. – In Prinzessin-Frosch-Beziehungen verhindern die Partner ihre Entwicklung auch oft dadurch, daß sie sich »unbefleckt« bewahren wollen. Der Wunsch, moralisch unantastbar zu bleiben, ist stärker als der Wunsch zu leben. Lieber quälen sie sich jahrelang, lieber täuschen sie Eltern, Verwandten, Freunden die falschen Tatsachen einer heilen Ehe vor, als einen Schritt zu tun, der gegen die Normen verstößt, wie eine Ehefrau, ein Ehemann zu sein haben.

Darin äußert sich der Wunsch, die goldene Kugel der Kindheit zu bewahren, eine makellose Welt, in der alles »stimmt«. Denn solche Gebote sind ja immer von Eltern-Instanzen, Eltern-Autoritäten gegeben. Gegen sie zu verstoßen, »böse« zu sein, das bedeutet, Vater und Mutter zu verlassen. Jetzt erst, da die Königstochter eindeutig gegen die Gebote ihres Vaters handelt, hat sie die goldene Kugel wirklich verloren. Prinzessin-Frau und Frosch-Mann ziehen es demgegenüber oft vor, »brav« zu sein, treue Söhne und

Töchter ihrer Eltern zu bleiben, und versäumen damit, Partner zu werden.

Noch ein Drittes. Die Königstochter wagt jetzt auch, andere zu verletzen. Sie verletzt den König-Vater, indem sie nicht mehr die folgsame Tochter ist, und sie verletzt den Frosch, sehr handgreiflich, indem sie ihn an die Wand wirft und indem sie sich damit seinen Wünschen versagt. – Wir haben darüber gesprochen, wie wichtig es für die Eltern der Prinzessin-Frau und des Frosch-Mannes war, daß ihr Kind ihrem Bild eines »braven Kindes« entsprach, damit sie sich sagen konnten, sie seien gute Eltern. Prinzessin-Frau und Frosch-Mann übertragen das später auf andere »Autoritäten« wie Lehrer, Pfarrer, Freunde und glauben, daß es für deren Wohlergehen genauso wichtig ist, dieses makellose Bild des »braven Kindes« zu erhalten. Davon hängt ja ihrer Vorstellung nach auch ab, daß sie deren Zuwendung bekommen. Durch den Vorwurf: »Das hätte ich nicht von dir gedacht!« würde ihnen das Bewußtsein entzogen, liebenswert zu sein. Darum vermeiden sie es, bei Eltern, Pfarrern, Partnern usw. das Bild zu zerstören, das diese von ihnen haben, wie Kinder, die den Liebesverlust der Mutter befürchten, wenn sie sie verletzen – oft genug haben sie dies ja auch tatsächlich erlebt. Die Königstochter im Märchen wird von ihrer Wut den Weg geführt, es zu riskieren, Schmerz zuzufügen und »Liebe« zu verlieren. Damit mutet sie dem Frosch und dem König-Vater zu, mit ihren Bedürfnissen allein zu bleiben. Sie läßt sich nicht durch die Frage bremsen, ob die das wohl aushalten werden. Sie denkt – endlich – auch an sich und bringt ihre eigenen Bedürfnisse kraftvoll zur

Geltung. Dies wird oft nicht möglich sein, ohne wie sie bitter, böse und häßlich zu werden ...

Wie sich herausstellt, hilft sie nicht dadurch dem Frosch, sich zu verwandeln, daß sie seine Wünsche erfüllt, sondern dadurch, daß sie sie ihm versagt.

Das Märchen zeigt damit: Noch bevor der Frosch sich verwandelt, hat die Königstochter einen Wandlungsprozeß durchgemacht. Sie hat sich aus dem Bann des elterlichen Auftrags, für das Wohlergehen des Königs »brav« und »schön« zu sein, gelöst. Sie hat ihr Prinzessin-Sein abgestreift, ihre Kleider, ihre Perlen und Edelsteine und ihre goldene Krone, die sie schon am Anfang loswerden wollte. Indem sie zu ihren eigenen dunklen Seiten fand, zu ihrer Wut, zu ihrem »Egoismus«, hat sie die Maske abgelegt und ist ein Stück mehr Mensch geworden. Sie hat dazu den Frosch nicht als Retter gebraucht, wie sie anfangs meinte, wohl aber »mußte« er ihr zur Herausforderung werden, um herauszufinden, daß sie auch anders als lieb und strahlend ist, und um die Kraft zu finden, die einseitige Vorherrschaft des väterlich-männlichen Prinzips zu durchbrechen und damit zu sich als Frau zu finden. Anders, als sie dachte und ahnen konnte, hat damit der Frosch zu ihrer »Rettung« beigetragen!

Die Verwandlung des Frosches

Als er aber herabfiel, war er kein Frosch, sondern ein Königssohn mit schönen freundlichen Augen. Der war nun nach ihres Vaters Willen ihr lieber Geselle und Gemahl. Da erzählte er ihr, er wäre von einer bösen Hexe verwünscht worden, und niemand hätte ihn aus dem Brunnen erlösen können als sie allein, und morgen wollten sie zusammen in sein Reich gehen.

Die Auseinandersetzung mit dem Frosch fordert die Königstochter zu einem entscheidenden Entwicklungsschritt heraus. Und was passiert nun mit ihm? Er muß den Schmerz der Distanzierung erleiden, den sie ihm zufügt, indem sie ihn an die Wand wirft. Und nun »fällt er herab«. Die Enttäuschung all seiner symbiotischen Verschmelzungswünsche scheint mir in diesem Herabfallen symbolisiert, das Zerrinnen aller Illusionen von gegenseitiger Erlösung. Er ist nicht der große Helfer, der die weinende Prinzessin retten kann, und sie ist nicht die strahlende Lichtgestalt, in der er aufgehen könnte. Dieser Beziehungsvertrag enthält ja auch ein erhebliches Maß an Größenvorstellungen, die mit diesem Herabfallen in sich zusammenfallen.

Es kommt nun alles darauf an, *wie* der Frosch von der Wand »herabfällt«. Daran entscheidet sich, ob er sich dabei zum Königssohn verwandelt.

– Der Frosch kann sich wieder in den tiefen Brunnen fallen lassen, bitter, grollend und ressentimentgeladen. Er kann auf die nächste Prinzessin warten, die ihre Kugel verliert und ihm wieder alles verspricht. Dann wird das Ganze wieder von vorne beginnen.

– Er kann sich bei diesem Zurückfallen in den Brunnen auch in ein reißendes Untier verwandeln, das seine Lebensaufgabe künftig darin sieht, der Königstochter das Leben schwerzumachen: mit Morddrohungen, gerichtlichen Auseinandersetzungen, ewigen Streitereien. So nimmt er Rache für die angetane Verletzung. Gemeinsame Kinder müssen dabei oft dafür herhalten, daß der Frosch-Mann den eigenen Schmerz nicht selber fühlt, sondern diesen auf sie projizieren kann. Ihr »Wohl« liefert ihm dann die Begründung für seinen Rachefeldzug ...

– Oder er kann sich noch tiefer in den Brunnen fallen lassen, auf Nimmerwiedersehen: Er kann sich umbringen. Jeder, der in einer solchen Situation war, weiß, wie nahe der Gedanke an Selbstmord liegt. Und er weiß auch, was dieser Selbstmord bedeuten würde: Es wäre der unsinnige Versuch, den Partner doch noch zu zwingen, sich – wenn nicht mit Liebe, so doch in Form von Selbstvorwürfen – mit ihm zu beschäftigen, nach dem Motto: »Wenn sie mir das schon antut, soll es ihr wenigstens ewig leid tun!« In Wirklichkeit wäre dieser Selbstmord freilich nur die endgültige Kapitulation vor dem Hexenfluch, ein Frosch zu sein.

Alle drei Möglichkeiten »herabzufallen« bringen keine Wandlung. Der Frosch-Mann bleibt Frosch, er hält an seinem Beziehungsvertrag und an seinem alten Beziehungskonzept fest, und die Schuld, daß daraus nichts geworden ist, schiebt er der Partnerin in die Schuhe. Damit bringt er die Prinzessin-Frau in die schwierige Lage, den angefangenen Entwicklungsweg allein weitergehen und mit ihren Schuldgefühlen und Verletzungen, die sein Handeln in ihr zurückläßt, allein fertig werden zu müssen. So geht es häufig, wenn die Partner keine gemeinsame Hilfe bekommen, zum Beispiel eine Beratung als Paar. Einer der beiden vollzieht die Entwicklungsschritte des anderen nicht nach und »hängt ab«. Dadurch kann so viel Leid entstehen, so viel Zerstörung zurückbleiben, daß man wünscht, das Ganze hätte doch lieber gar nie begonnen.

Gott sei Dank gibt es noch eine vierte Möglichkeit. Der Frosch kann auch herabfallen im Sinn von: die Enttäuschung annehmen als Ent-Täuschung, als Befreiung von einer großen Täuschung. Dies wird am meisten wehtun – und wird ihm die Verwandlung zum Königssohn einbringen. Das Schmerzliche der Ent-Täuschung besteht darin, zu realisieren, daß es nicht an dieser einen Frau liegt, sondern daß es grundsätzlich unmöglich und nicht zu erzwingen ist, die bedingungslose Zuwendung zu bekommen, die in der Kindheit ausgeblieben ist. Es ist schmerzhaft, von etwas zu lassen, wonach man so große Sehnsucht hat. Es ist schmerzhaft, damit auch zuzugeben: »Ja, es gibt Seiten an meiner Mutter, da war sie – aus eigener Not und eigenem Unvermögen – eine böse Hexe, die mich verwünscht und zum Frosch verzaubert hat. Den Segen, den ich von ihr gebraucht hätte, um ins Leben hineinzugehen, den hat sie nicht gesprochen und wird ihn auch nie mehr sprechen.« Trauer und Wut wird der Frosch-Mann darüber empfinden – in echtem Mitgefühl mit sich selbst. Indem er das zuläßt, wird er anfangen, die Prinzessin-Frau aus der Verpflichtung zu entlassen, für das verletzte Kind in ihm zu sorgen: Er hat angefangen, es selbst zu tun.

In diesem Prozeß des Herabfallens beginnt er – paradoxerweise – erst wirklich aus der Tiefe des Brunnens zu steigen, weil er sich damit aus der Umklammerung des Mütterlich-Hexenhaften löst: In der Prinzessin-Frau, die er losläßt, läßt er auch seine Mutter los und gesteht sich ein: »Ich kann nicht erzwingen, was du mir nicht freiwillig gegeben hast.« Wie die Prinzessin-Frau aus der einseitigen Herrschaft des Väterlichen löst er sich damit aus der einseitigen Herrschaft des Mütterlichen. Damit wird der Weg zu sich selbst als Mann frei: »Als er herabfiel, war er kein Frosch, sondern ein Königssohn mit schönen, freundlichen Augen.«

Der Frosch-Mann erfährt im Schmerz des Herabfallens sehr bald auch die Befreiung dieser Ent-Täuschung. Ein Beziehungsvertrag auf wechselseitige Erlösung ist ja auch eine ungeheure Überforderung! Er übersteigt in seinem Anspruch das menschliche Maß und führt dazu, daß Frösche nicht zu Prinzen, viel ehe Prinzen zu Fröschen werden. »Der Mensch ist weder Engel noch Tier. Und das Unglück will es, daß, wer aus ihm einen Engel machen will, ein Tier aus ihm macht.«[6] Das Annehmen der Enttäuschung ist ein

Wiederfinden des menschlichen Maßes, und darin liegt die befreiende Wirkung.

Der Frosch wird zum Königssohn: Der Frosch-Mann erfährt, wenn er losläßt und die Distanzierung annimmt, daß er kein armer Frosch ist, angewiesen auf Stuhl, Tisch, Tellerlein und Bett der Königstochter. Er merkt, daß er bei all den Kämpfen der Vergangenheit auch eine Menge Stehvermögen und Selbstachtung gewonnen hat, und sei es auch über den Weg: »So laß ich nicht mehr mit mir umgehen!« Er entdeckt, daß er gar nicht so unselbständig ist, daß er »gekrochen« kommen müßte; daß es viele Dinge gibt, die man auch ohne Prinzessin machen kann, zum Beispiel mit Männern Freundschaft schließen, was er bisher in seiner Fixierung auf erlösende Prinzessinnen vollkommen ausgeklammert hat, oder ganz allein für sich sein, es sich gut gehen lassen in seinem eigenen »Reich«, was er bisher immer nur mit »traurig im tiefen Brunnen sitzen« gleichgesetzt hat.

Frosch-Prinzessin-Beziehungen haben auch den Aspekt, daß sie den Mann in seinem Frosch-Sein festhalten und er in einer eigenartigen Leidenslust förmlich darum kämpft, ein Frosch bleiben zu müssen. Frosch-Männer brauchen oft tatsächlich eine harte Abgrenzung durch die Prinzessin-Frau, damit sie ihren eigenen Adel entdecken. Manchmal kommt mir in der Arbeit mit ihnen ein anderer Vergleich aus der Tierwelt. Sie sind wie Falter, die immer und immer wieder in die helle Flamme der Kerze fliegen und sich da fürchterlich verbrennen und trotzdem immer wieder hin »müssen«. Man muß ihnen die Kerze wegnehmen, damit sie entdecken, daß sie schöne Falter sind, die es nicht nötig haben, immer nur in dieses eine Licht zu fliegen, wo es weh tut.

Malen wir uns aus, was geworden wäre, wenn die Königstochter nicht so hart gewesen wäre. Ihre Härte war nötig, um ihm weiterzuhelfen. – Es ist ein wichtiges Ziel für Paare, konstruktive Härte gegeneinander zu lernen: sich abgrenzen, sich dem anderen zumuten, den anderen herausfordern. Was Frosch-Männer und Prinzessin-Frauen oft voneinander wollen, ist Verwöhnung, die nicht voranbringt, sondern nur die alten Verhaltens-, Fühl- und Denkmuster bestätigt.

Der Frosch erlebt seine Verwandlung in einem sehr schmerzvollen Prozeß. Darum möchte ich hier noch ein Wort zum Leiden sagen. Meiner Erfahrung nach gibt es zwei grundlegend verschiedene Arten des Leidens, ein selbstquälerisches und ein »heilbringendes«. Selbstquälerisch ist das Leid des Frosch-Mannes, der an die Wand fliegt, herunterfällt, wieder zu ihr ins Bett kriecht und wieder an die Wand fliegt. Selbstquälerisch ist auch das Leid der Prinzessin-Frau, wenn sie ihre Kugel verliert und sie unbedingt wieder haben will; oder das Leid, das sie empfindet, wenn sie gegen ihre Gefühle den Frosch mit ins Bett nimmt. Selbstquälerisch ist dieses Leid, weil es daraus entsteht, daß man meint, etwas festhalten zu müssen, dessen Loslassen ansteht. Leid dagegen, das durch Loslassen entsteht, das Leid der mitvollzogenen Ent-Täuschung, das Ja zur Wirklichkeit, wie man sie nicht wünscht und die man dennoch annimmt, dies ist »heilbringendes« Leid. Lebensprozesse sind Entwicklungsprozesse, und Entwicklung kann nur dort geschehen, wo eine bestimmte Form zerbricht oder aufgegeben wird, um auf einer höheren Ebene eine neue zu finden. Es gibt also keine Entwicklung ohne Trennung, Abschied, Loslassen; und das ist sehr oft mit Leid verbunden.

Viele, die Therapie machen, weil sie leiden, kennen den Unterschied zwischen den beiden Arten zu leiden nicht. Sie wollen verständlicherweise von ihrem Leid befreit werden und sperren sich deshalb oft auch gegen das Erleiden des Loslassens und der Ent-Täuschung. Damit aber vermeiden sie auch, zu reifen und »heil« zu werden. Es gibt eine unausgesprochene Ideologie, daß Paarbeziehungen nur dann in Ordnung sind, wenn die Partner sich pausenlos Freude machen und »Spaß« miteinander haben. Solche Beziehungen aber bleiben oberflächlich und werden bald ereignislos. Auch eine Paarbeziehung kann nur reifen, wenn die Partner lernen, Abschied zu nehmen und loszulassen, immer wieder, auch voneinander, von Lieblings- und Idealvorstellungen, Wünschen aneinander und eingespielten Gewohnheiten. Immer wieder müssen wir sterben, um zu neuem Leben zu erstehen, immer wieder müssen wir den Weg zum Kreuz und durch den Tod hindurch nachvollziehen, um zur »Auferstehung« zu gelangen.

Auf diesem Weg werden die großen bedürftigen Augen des Frosches, die immer nur haben wollen, zu den »schönen freundlichen Augen« des Königssohns. Indem der Frosch-Mann seine Illusionen und Täuschungen sterben läßt, verwandelt sich seine Bedürftigkeit in die Fähigkeit zu lieben. Der hungrige Blick wird zum wohlwollenden Blick, der auf dem anderen ruht, nicht weil er etwas von ihm haben will, sondern weil er sich an ihm freut.

Psychologische Scheidung

Als er aber herabfiel, war er kein Frosch, sondern ein Königssohn mit schönen, freundlichen Augen.« – Da steht er nun, verwandelt, der Königstochter ein gleichwertiges Gegenüber. Und was nun? Im Märchen sind sie gleich wieder ein Paar. So schnell geht es im Leben meistens nicht – oder sollte es wenigstens nicht gehen. Die beiden sind auf Distanz gegangen, sie haben beide ihre symbiotischen Erlösungsvorstellungen von Beziehungen aufgegeben und nacheinander ihren ursprünglichen Beziehungsvertrag aufgelöst. »Psychologische Scheidung« nenne ich diesen Prozeß, der sich in der Paartherapie oft unter vielen Schmerzen – »mit Heulen und Zähneknirschen« – vollzieht.

Als Hilfestellung dabei gebe ich Partnern, die in ihrem Prozeß an diese Stelle gekommen sind, manchmal eine Art Ritual. Ich fordere sie auf, einander gegenüberzutreten, sich in die Augen zu schauen und sich nacheinander zu sagen:

»... (Name), ich entlasse dich aus der Verantwortung, für das verletzte Kind in mir zu sorgen. Ich übernehme selbst die Verantwortung dafür. Wenn du von dir aus etwas für das verletzte Kind in mir tun willst, werde ich dafür offen sein.«

Wenn sich die Partner diese Worte gesagt haben, gehen sie, ohne weiter darüber zu sprechen, auseinander und verbringen die nächsten Stunden für sich allein. Was hier besonders betont wird, ist die Distanz. Und was wird nun aus der Beziehung?

Es ist schwer, die Situation der psychologischen Scheidung auszuhalten. Es liegt nahe, entweder das alte Spiel von vorne zu beginnen oder einfach auseinanderzulaufen – und das alte Spiel mit neuen Partnern zu wiederholen. Beides ist einfacher. Oder, wenn es geschieht, kann es auch ein Zeichen sein, daß Verwandlung noch nicht an der Zeit war, daß der Vorgang noch das eine oder andere Mal wiederholt werden muß, bis die Königstochter den Frosch wirklich an die Wand wirft und der Frosch wirklich herabfällt.

Wenn wir solche Kreisläufe immer und immer wiederholen, sind wir nicht unbedingt und ausschließlich im Mythos des Sisyphus gefangen, in der sinnlosen Wiederkehr des ewig Gleichen. Sehr oft vollzieht sich in diesen immer neuen »Runden« doch ein unmerkliches Voran, gleichsam in einer Spiralbewegung, in der die Linie zwar immer wieder an die gleiche Stelle zurückkehrt, aber eben doch ein Stück »weiter vorne«. Es kann sein, daß diese Spiralbewegung in einer Entwicklung oft und oft vollzogen werden muß, bis der »Sprung« zu einer neuen Form möglich wird. So kann es sein, daß der Therapeut mit seinem Paar, nachdem schon alles gewonnen schien, wieder – scheinbar – von vorne beginnen muß. Die eigene Partner-Erfahrung hat ihn hoffentlich so weise und geduldig gemacht, es zu tun.

Die Schwierigkeit, die Situation der psychologischen Scheidung auszuhalten, besteht darin, daß beide nicht wissen, worin ihre Beziehung noch besteht, nachdem der alte Beziehungsvertrag aufgelöst ist. Sie stehen einander zwar in einer neuen Grundhaltung gegenüber, in einer Haltung gegenseitiger Achtung und Anerkennung (»Ich bin okay – und du bist okay!«). Aber was sie darüber hinaus noch verbindet, ist unklar, zumal sehr vieles, was sie verbunden hat, als symbiotische Fessel deutlich geworden ist.

Es kann sein, daß sie entdecken, daß sich die Beziehung darin erschöpft hat und daß ihr Sinn darin bestand, gemeinsam dieses Stück Weg zu gehen und an diese Stelle zu kommen. Immerhin ist dabei aus einem Frosch ein Königssohn und aus einem Prinzeßchen eine erwachsene Königstochter geworden. So werden sie vielleicht einander »Adieu« sagen und ihrer Wege gehen – traurig und dankbar. Dies kann freilich im konkreten Fall immer noch recht schwierig werden, vor allem wenn gemeinsame Kinder da sind und eine bleibende Verbindung als Eltern damit bestehen bleibt. Außerdem steckt bei Trennungen, auch wenn sie noch so stimmen, an der Zeit sind und beidseitig akzeptiert werden, der Teufel im Detail: Beim Aufteilen des Bestecks, der Möbel und Finanzen muß der schmerzliche Weg des Frosches und der Prinzessin noch mehrmals gegangen werden, bevor die beiden sich in Frieden ziehen lassen.

Eine äußere Trennung und eine auch juristische Scheidung können die richtige Konsequenz aus der psychologischen Scheidung sein. Ich neige aber je länger je mehr dazu, die Paare zu ermutigen, sich mit diesem Schritt Zeit zu lassen. Sehr oft stellt sich heraus, daß damit doch nur die schwer aushaltbare Spannung der Distanz zwischen ihnen aufgehoben werden soll. Und das ist das Wichtigste, was beide lernen müssen: sich als Königssohn und Königstochter gegenüberzustehen, noch bevor sie »miteinander einschlafen« und am anderen Morgen »in sein Reich ziehen«, wie das Märchen so verheißungsvoll weiter erzählt. Sich als Königssohn und Königstochter gegenüberzustehen heißt: sich als zwei getrennte, eigenständige, ganze Personen verstehen zu lernen. In der Skizzierung des »Frau-Werdens« bei der Königstochter, indem sie die einseitige Bindung an das männliche Prinzip überwindet, und des »Mann-Werdens« beim Königssohn in der Überwindung des Festhaltenden-Hexenhaften habe ich angedeutet, was das für die individuelle Reifung jedes einzelnen bedeutet. Für ihre Beziehung bedeutet es meist, daß viele konkrete Regelungen im Sinn von größerer Autonomie, Distanz und Eigenständigkeit neu ausgehandelt werden müssen.

Wir nennen das in der Paartherapie: Die beiden schreiben einen vorläufigen »neuen Beziehungsvertrag«. Er bezieht sich auf alle konkreten Lebensbereiche: Zimmer, Betten, Geld, Kinder, Aufgabenverteilung, individuelle Freunde usw. Ich erlebe dabei immer wieder meine blauen Wunder, was es an symbiotischer Verschmelzung in Paarbeziehungen so alles gibt. Auch hier steckt der Teufel im Detail, oder besser: Jede einzelne dieser Neuregelungen ist ein neuer Abschied. Mit jeder neuen Vereinbarung wird der Wandlungsprozeß vom Frosch zum Königssohn und vom Prinzeßchen zur Königstochter von neuem schmerzlich, aber auch tiefer vollzogen. Viele Wunschträume, so stellen die beiden selbst erst jetzt mit Überraschung fest, hingen am gemeinsamen Schlafzimmer, am französischen Bett, an der grundsätzlich gemeinsam verbrachten Freizeit und an den grundsätzlich miteinander geteilten Freunden. Noch öfter muß also die Königstochter an den Brunnen, um ihre Kugel wieder zu verlieren, und der Frosch von der Wand herabfallen, bis sich die beiden wirklich als Königssohn und Königstochter gegenüberstehen.

Im Märchen sagt der Königssohn nach seiner Verwandlung zur Königstochter, niemand hätte ihn aus dem Brunnen erlösen können als sie allein. Nun haben sie solches Leid miteinander erfahren, und vieles, was sie jetzt miteinander tun, tut so weh – wie paßt da dieser Satz in den Zusammenhang? Hat sich nicht herausgestellt, daß diese ganze Beziehungs-Erlösungs-Phantasie eine Illusion war? Haben wir nicht immer wieder betont, daß sich Menschen nicht gegenseitig erlösen können? Wäre nicht von vornherein alles ganz anders, viel besser gelaufen, wenn sie sich gar nicht begegnet wären? Vielleicht. Und trotzdem – anders als sie dachten, anders als sie es sich in den Kopf gesetzt hatten, stimmt dieser Satz, und zwar, wie wir gesehen haben, für beide. In einem anderen Sinn, als sie es wollten, sind sie sich »zur Erlösung« geworden.

Weil sie die Kugel verlorengehen ließ, ist er aus dem Brunnen gestiegen, weil er aus dem Brunnen gestiegen ist und ihr half, hat sie sich auf die Beziehung eingelassen, weil er ihre Beziehungsverspre-

99

chungen einklagte, hat sie sich zu wehren begonnen und ihn an die Wand geworfen. Damit wiederum hat sie ihm ermöglicht, das Gebäude seiner Illusionen einstürzen zu lassen, und wie wir noch sehen werden, wird dieser Prozeß weitergehen: Seine neugewonnene Selbständigkeit, seine Autonomie wird ihr wiederum die nächsten Schritte der Entwicklung ermöglichen.

»Mußten« sich die beiden also nicht begegnen? Mußten sie diesen Weg nicht miteinander erleiden? Wäre er nicht immer noch der Frosch im tiefen Brunnen und sie die hilflos weinende Prinzessin am Rande des Waldes, wenn sie sich nicht begegnet wären? Anders als beide es wollten, ist nun doch geschehen, was beide im Grund ihres Herzens angestrebt haben. Eines war allerdings von ihrer Seite dafür erforderlich: Nicht daß sie alles »richtig« machten – mein Gott, wieviel haben sie »falsch« gemacht! Aber notwendig war, daß sie nicht haltgemacht haben, daß sie immer weiter-, daß sie hindurchgegangen sind.

Neubeginn

Dann schliefen sie ein, und am andern Morgen, als die Sonne sie aufweckte, kam ein Wagen herangefahren, mit acht weißen Pferden bespannt, die hatten weiße Straußfedern auf dem Kopf und gingen in goldenen Ketten, und hinten stand der Diener des jungen Königs, das war der treue Heinrich. Der treue Heinrich hatte sich so betrübt, als sein Herr war in einen Frosch verwandelt worden, daß er drei eiserne Bande hatte um sein Herz legen lassen, damit es ihm nicht vor Weh und Traurigkeit zerspränge. Der Wagen aber sollte den jungen König in sein Reich abholen.

Die psychologische Scheidung und das »Auseinanderdividieren« der verschiedenen Lebensbereiche bringt für die Partner bei aller Angst und Verunsicherung einen ständigen Reifungsprozeß in Richtung größerer Autonomie. Damit entstehen die Voraussetzungen zu neuer Begegnung, die vorher nicht gelingen konnte. Das Märchen drückt dies aus, indem es nun wie selbstverständlich fortfährt: »Dann schliefen sie ein ...«

Wir können darin die sexuelle Begegnung angedeutet sehen, die jetzt möglich wird. Der Königssohn braucht nicht mehr als bettelnder Frosch hinter der Königstochter herzulaufen. In seiner neu gewonnenen Männlichkeit muß er den Blick nicht mehr bedürftig an sie heften. In seinen »schönen freundlichen Augen« kann sie sich nun als Frau bestätigt finden. Damit ermöglicht er ihr, sich jetzt auch erotisch-sexuell auf ihn einzulassen und ihre »Frigidität« zu überwinden.

Sie »schlafen miteinander«: Über die sexuelle Bedeutung hinaus kommt darin eine Nähe, Vertrautheit und Selbstverständlichkeit zum Ausdruck, die vorher, als sie der Frosch erzwingen wollte, nicht entstehen konnte. Jetzt, da jeder der beiden die Verantwortung für sich selbst übernommen hat, brauchen sie nicht mehr zu kämpfen. Es wird ihnen geschenkt: Sie tauchen in die Tiefe des gemeinsamen Schlafes ein, der sich wie der Lohn für die ausgestandenen Mühen über sie senkt und in dem sie einem neuen Morgen entgegenschlummern dürfen.

Dieser Morgen bricht an und mit ihm ein neuer Anfang. Wieder ist von der Sonne die Rede, wie am Anfang des Märchens. Aber sie blickt nun nicht mehr auf ein kleines, unreifes Mädchen, sondern auf eine erwachsene Frau und einen erwachsenen Mann. Diesen Reifungsprozeß betont das Mädchen, indem es den achtspännigen Wagen mit dem treuen Heinrich herbeieilen läßt, um König und Königin in ihr Reich abzuholen: Der Bann ist gebrochen, die Kräfte, von denen der Frosch-Mann abgeschnitten war, »kommen nach«: Die acht mit weißen Straußenfedern geschmückten und in goldenes Zaumzeug gelegten Pferde sind ein schönes Bild für seine ihm zuwachsende geistgebändigte Vitalität und Männlichkeit. Der treue

Diener Heinrich mit dem gebrochenen und gefesselten Herzen steht für die im Brunnen, im weiblich-mütterlichen Bereich, gebannte Liebeskraft des Königs. Er eilt herbei und kümmert sich um ihn und symbolisiert damit, wie diese Liebe sich nun dem Königssohn selber zuwendet und dieser lernt, statt sich als Helfer nur um andere zu sorgen, sich liebevoll um sich selber zu kümmern und sich in einer reifen Partnerbeziehung selber zu schenken. Es ist, als ob diese positiven Kräfte die ganze Zeit »in Treue« nur gewartet hätten, bis sie Gelegenheit bekamen, herbeizueilen. Es ist alles da, was wir zum Leben und Lieben brauchen, auch wenn wir es jahrelang blockiert haben. Wenn wir uns dafür öffnen, eilen sie herbei . . .

Dies ist der Grund, warum ich in meiner Arbeit dazu neige, das Paar möglichst lange daran zu hindern, die psychologische Scheidung durch eine schnelle Trennung oder eine schnelle »Versöhnung« zu beenden. Denn im Durchleben und Durchleiden dieser Zeit werden alte/neue Kräfte in ihnen lebendig, und damit verwandeln sich auch die alten Beziehungsmuster in neue Begegnungsmöglichkeiten miteinander.

Im Märchen kommt dies darin zum Ausdruck, daß die Initiative in der Beziehung nun auf die Seite des jungen Königs wechselt. Er ist nicht mehr der passive Frosch, der hinterherläuft und hochgehoben werden will. Er ist nicht mehr der Königs-*Sohn,* sondern wird zum »jungen König«. Er braucht sich darum nicht länger mehr im Schloß der Königstochter aufzuhalten, in ihrer Kindheits-Welt. Im eigenen Wagen, mit eigenen Pferden fährt er sie in das Reich, das nun ihr Reich sein wird, nicht mehr das von Vätern und Müttern, in dem sie Söhne und Töchter sind. Damit hat der junge König nun eine ähnlich führende Rolle übernommen, wie sie die Königstochter in der Phase ihrer dramatischen Auseinandersetzung innehatte. Wie sie ihn zur Verwandlung »zwang«, so fordert nun er sie zu ihrem nächsten Entwicklungsschritt heraus: Er führt sie aus dem väterlichen Schloß und veranlaßt sie damit zu ihrem endgültigen Abschied von zu Hause, zum entscheidenden Schritt von der Prinzessin zur Königin, von der Tochter zur Frau.

Reifere Formen der Partnerschaft zeichnen sich dadurch aus, daß Mann und Frau in den verschiedenen Rollen wechseln können: Nicht immer nur einer führt und der andere folgt, sondern die Führung wechselt. Beide können führen und beide können der Führung des anderen folgen. Wenn eingefahrene Bahnen in dieser Weise verlassen und einseitig festgelegte Positionen aufgegeben werden, bringt dies manchmal eine Menge Unsicherheit in die Beziehung. Es kann ganz schön schwierig werden für die Frau, die immer zu sagen hatte, wo's langgeht, wenn er nun plötzlich seinen Achtspänner vorfährt, auch wenn sie sich das im tiefsten ihres Herzens immer gewünscht hatte, denn so kennt sie ihn noch gar nicht, und alles Unbekannte macht uns angst. Aber die Kehrseite dieser Unsicherheit ist die neue Lebendigkeit und Vitalität, die in solche Partnerschaften einzuströmen beginnt, die sich auf das wechselnde Spiel ihrer eigenständigen Kräfte einlassen. Wenn man getrennt ist, kann man sich auch begegnen. Wenn man sich selbst besitzt, kann man sich auch schenken.

Noch einen anderen Aspekt der Beziehung zeigt

das Märchen: Nicht nur eine neue Ebene der Begegnung *miteinander* wird möglich, nicht nur eine tiefere wechselseitige Hingabe *aneinander*, sondern auch die gemeinsame Hinwendung zu einer Aufgabe: Die beiden fahren in das Reich, um als König und Königin hier die Regierung zu übernehmen. Darin ist die gemeinsame Aufgabe dargestellt, der sich beide nun zuwenden können. Vorher waren sie so auf ihre Beziehung fixiert, sie kostete so viel Energie, daß für nichts anderes Platz war. Sie konnten nicht »fruchtbar« werden in einem Dritten, das aus ihrer beider Beziehung heraus gewachsen wäre. Deshalb mußte diese sich auch bezeichnenderweise im elterlichen Schloß abspielen. Nun aber werden sie ihr eigenes Reich haben, hier wird Platz sein für gemeinsame Kinder, gemeinsame Unternehmungen, gemeinsames politisches Engagement, eine gemeinsame berufliche Aufgabe, oder was immer es sein mag. Die Beziehung setzt ihre kreativen und produktiven Kräfte frei.

An dieser Stelle droht für manche Paare eine Gefahr: daß sie sich nicht nach vorne und nach außen wenden, um in einem Dritten fruchtbar zu werden, weil sie meinen, es sei zu spät dazu. Freilich kann es sein, daß beiden aufgeht: »Jetzt, an dieser Stelle, so wie wir jetzt zueinander stehen, wäre es schön, ein Kind miteinander zu haben, jetzt wäre Platz dafür in unserer Beziehung – aber dazu ist es zu spät.« An dieser einen Möglichkeit, für die es vielleicht wirklich zu spät ist, bleiben sie hängen und trauern ihr nach. Was hier ansteht, ist ein neuer Schritt des Abschieds und des Loslassens, aber nicht, um sich resigniert zurückzuziehen, sondern um Platz zu schaffen für andere Ziele, andere Aufgaben und Projekte, in denen sie fruchtbar werden können.

Durch ihren Trennungsprozeß hindurch finden die beiden wieder zu neuen Formen der Gemeinschaft und Gemeinsamkeit. Ist dies nicht wieder nur eine Form der Symbiose, aus der sie sich doch eben unter vielen Schmerzen herausgerungen haben?

Ja und nein. Ja, denn in der Hingabe aneinander und in der gemeinsamen Hingabe an ein Werk verschmelzen sie gewissermaßen wieder zu einer Einheit – und entsprechen damit ihrer Ursehnsucht nach ungeschiedener Ganzheit. Auch werden sie in vielen Dingen des täglichen Lebens die Aufgaben so verteilen, daß nicht jeder alles macht, sondern der eine wird bald mehr jenen, der andere mehr diesen Bereich wahrnehmen. Sie werden sich ergänzen und insofern auch aufeinander angewiesen sein. Und doch – es ist eine andere Symbiose, nicht mehr eine von der Art »ein Stuhl, ein Tisch, ein Teller, ein Bett«, sondern eine, die durch den Prozeß der Trennung hindurchgegangen ist und Eigenständigkeit, Verschiedenheit, Mann-Sein und Frau-Sein, »ich« und »du« in sich vereinigt, so wie es der folgende schöne Text von Kahlil Gibran zum Ausdruck bringt:

»Vereint seid ihr geboren
und vereint sollt ihr bleiben immerdar.
Doch lasset Raum zwischen eurem Beinandersein,
Und lasset Wind und Himmel tanzen zwischen euch.
Liebet einander,
doch macht die Liebe nicht zur Fessel:

Schaffet eher daraus ein webendes Meer
zwischen den Ufern eurer Seelen.
Füllet einander den Kelch,
doch trinket nicht aus *einem* Kelche.
Gebet einander von eurem Brote,
doch esset nicht vom gleichen Laibe.
Singet und tanzet zusammen und seid fröhlich,
doch lasset jeden von euch allein sein.
Gleich wie die Saiten einer Laute allein sind,
erbeben sie auch von derselben Musik.
Gebet einander eure Herzen,
doch nicht in des anderen Verwahr.
Und stehet beieinander,
doch nicht zu nahe beieinander:
Denn die Säulen des Tempels stehen einzeln,
Und Eichbaum und Zypresse wachsen nicht
im gegenseit'gen Schatten.«[7]

In einer solchen »Symbiose« werden sie sich weder
einengen noch ausbeuten, wie Frosch und Königstochter es am Anfang getan haben. Vielmehr werden sie
sich unterstützen und herausfordern zu weiterer Entwicklung und weiterem Wachstum.

Freilich heißt das nicht, wie das Märchen es vielleicht nahelegen könnte, daß sie nun ein für allemal die
unreifen Symbiose-Wünsche von Frosch und Königstochter hinter sich gelassen haben. Sehr wahrschein-
lich werden die beiden nach ein paar Jahren entdek-
ken, daß auch noch ein Teil Prinzessin-Frosch-Beziehung übriggeblieben ist oder sich wieder eingeschli-
chen hat. Dann wird eine neue Runde anstehen, mit
neuem leidvollem Loslassen und neuem Wiederfin-

den in tieferer Liebe, ein neuerliches Sterben und Neu-Entstehen – im Sinne der Spirale, deren Bewegung doch nur scheinbar wieder an dieselbe Stelle zurückkehrt.

Das Ganze im Fragment

Der treue Heinrich hob beide hinein, stellte sich wieder hinten auf und war voller Freude über die Erlösung. Und als sie ein Stück Wegs gefahren waren, hörte der Königssohn, daß es hinter ihm krachte, als wäre etwas zerbrochen. Da drehte er sich um und rief:

»Heinrich, der Wagen bricht.«
»Nein, Herr, der Wagen nicht,
Es ist ein Band von meinem Herzen,
Das da lag in großen Schmerzen,
Als Ihr in dem Brunnen saßt,
Als Ihr eine Fretsche wast.«

Indem der treue Heinrich beide, den König und die Königin, in den Wagen hebt, stellt er seine Dienste beiden zur Verfügung und symbolisiert nun die beide verbindende Liebe, die wie der treue Diener, der hinten auf dem Wagen steht, beide behütet.

Auf dem Weg in die gemeinsame Zukunft springen die eisernen Bande vom Herzen des treuen Heinrich. Die Fesseln ihrer Liebe, die in Trauer und Weh über die Verwünschung, die im Schicksal ihrer Kindheit gebunden war, fallen ab, und in der dreimaligen

Wiederholung ist die Fortdauer dieses Prozesses angedeutet.

Damit wird der tiefste Sinn der leidvollen
Geschichte dieser Beziehung deutlich: die gebunde-
nen Herzen zu einer reifen Liebe zu entbinden.
»Unreife Liebe sagt: Ich liebe dich, weil ich dich
brauche. Reife Liebe sagt: Ich brauche dich, weil ich
dich liebe« (Erich Fromm). Diese reife Liebe verbindet nun die beiden, ihre unterschiedlichen Fähigkeiten
und Kräfte, ihr Mann-Sein und Frau-Sein zu einer
neuen und tieferen Einheit.

Ihre Liebe hat damit auch jene Aufgabe gelöst, die
ihnen von ihren Vorfahren als ungelöstes Problem
übergeben wurde: die Versöhnung der Geschlechter.
Ihre beiden Familien, so haben wir gesehen, sind
daran gescheitert, das Mann-Sein auszuprägen nicht
im Gegensatz, sondern im Gegenüber zum Weibli-
chen, und das Frau-Sein nicht im Gegensatz, sondern
im Gegenüber zum Männlichen. Was solche einseitig
männlich oder einseitig weiblich beherrschten Familien hervorbringen, sind nicht reife Männer und
Frauen, sondern königliche Patriarchen oder Frösche,
Hexen oder Prinzessinnen. Ihre Verbindung führt
dann nicht zur Versöhnung, sondern zum Kampf, zur
Konkurrenz der Geschlechter, zu Sieg oder Nieder-
lage über Generationen hin, und dies so lange, bis sie
als Aufgabe angenommen wird, die es zu durchleben
und zu durchleiden gilt, so wie Froschkönig und
Prinzessin in unserem Märchen es getan haben.

Als König und Königin, behütet vom treuen Heinrich, von dessen liebendem Herzen die eisernen
Bande springen, stehen sie für die Versöhnung ihres

familiären und zugleich ur-menschlichen Erbes: für die Versöhnung der Gegensätzlichkeit von Mann und Frau. Darin leuchtet in neuer Weise »Ganzheit« auf, als deren Symbol uns am Anfang des Märchen die goldene Kugel begegnete.

Die goldene Kugel geht immer wieder verloren. Die Formen der Ganzheit, die wir – auch in Beziehungen – erreichen, bleiben vorläufig und müssen wieder zerbrechen. Immer wieder müssen wir loslassen, uns trennen, uns wieder vereinen, um uns wieder zu trennen und wieder zu vereinen. Die Ganzheit der Liebe ist unsere tiefste Sehnsucht, und sie ist uns vollkommen nie erreichbar. Aber indem wir sie immer wieder als Fragment verwirklichen, leuchtet uns darin das Urbild vollkommener Ganzheit auf, die liebende Vereinigung aller Gegensätze, die wir Gott nennen.

ANMERKUNGEN

1 Zur Vertiefung der hier ausgeführten Gedanken: A. Miller, Das Drama des begabten Kindes und die Suche nach dem wahren Selbst. Frankfurt 1979

2 Diese aus der Transaktions-Analyse stammenden Formulierungen beziehen sich auf die »Grundeinstellungen« des Menschen und werden näher erläutert bei: R. Rogoll, Nimm dich, wie du bist. Eine Einführung in die Transaktionsanalyse, Herder-Taschenbuch 593, z.B. S. 43f.

3 Siehe dazu a.a.O., S. 13ff.

4 W. Schmidbauer, Die hilflosen Helfer, Hamburg 1977

5 Damit ist auf das berühmte Buch angespielt: E. Berne, Spiele der Erwachsenen. Psychologie der menschlichen Beziehungen. roro-ro 6735–6736. Zum Verständnis der »Spiele« vgl. R. Rogoll, a.a.O., S. 51ff.

6 Blaise, Pascal, Pensées, Fr. 140

7 K. Gibran, Der Prophet. Wegweiser zu einem sinnvollen Leben. Olten 1978, Von der Ehe, S. 15f.

Wenn Sie bedauern,
daß dieses Märchen schon zu Ende ist...

Leseprobe aus:

LUTZ MÜLLER

DAS TAPFERE SCHNEIDERLEIN

List als Lebenskunst

Reihe Weisheit im Märchen

Wie ist es Ihnen ergangen, als Sie das Märchen vom
tapferen Schneiderlein nach vielleicht sehr langer
Zeit wieder gelesen haben? Obwohl es eines der
Märchen ist, das uns als Kinder viel Freude, Vergnü-
gen und Genugtuung bereitet hat, tun wir uns als
Erwachsene doch etwas schwer mit ihm. Wir können
uns nicht mehr unbefangen darüber freuen, daß
jemand mit einem Streich sieben Fliegen erschlägt
und sich dann für den größten aller Helden hält, und
wir können uns auch nicht mehr unbefangen darüber
freuen, daß jemand auf diese listenreiche und prahle-
rische Weise ein halbes Königreich und eine schöne
Prinzessin dazu gewinnt. Wir spüren, daß es so leicht
im Leben nicht geht.

Wir haben erfahren, daß viele unserer Kindheits-
träume und -sehnsüchte unerfüllt geblieben sind, daß
es schwer genug war, uns einen einigermaßen gesi-
cherten Platz in der Erwachsenenwelt zu verschaffen,
und wir viele Opfer, Enttäuschungen und Einschrän-
kungen auf uns nehmen mußten, um unseren oft
beschwerlichen Lebensweg gehen zu können. Deshalb ärgern wir uns verständlicherweise über jeden,
der, wie unser tapferes Schneiderlein, mit weniger
Anstrengung, mit Glück, Aufschneiderei und Täu-

schung zu anscheinend unverdientem Erfolg gelangt.

Kinder sehen das Märchen natürlich aus einer anderen Perspektive. Weil sie sich selbst als klein und schwach erleben, von den Ansprüchen der Riesenwelt der Erwachsenen überfordert, und sich ihnen hilflos ausgeliefert fühlen, identifizirn sie sich leicht mit dem Schneiderlein. Es ist einer von ihnen, und es zeigt ihnen, daß man mit den Riesenproblemen des Lebens auch anders fertig werden kann als mit überlegener Stärke. Es ermutigt sie, eine mehr spielerische, kreative Haltung dem Leben gegenüber einzunehmen, in der geistige Beweglichkeit und ein humorvolles Gemüt fremder Macht und Körperkraft überlegen sind.

Das ist nun der Punkt, wo das Märchen auch für uns Erwachsene interessant und aufschlußreich werden könnte. In einem gewissen Sinne bleiben wir ja immer Kinder des Lebens. Wir wissen nicht, wo wir herkommen, wer wir sind und wohin wir schließlich gehen. Unserem geheimnisvollen Leben und Schicksal gegenüber sind wir kleine, schwache Kinder. Das Leben ist immer größer und stärker als wir. Deshalb können wir uns fragen, ob uns das tapfere Schneiderlein auch etwas über die Kunst zu sagen weiß, wie man mit den Kräften und Mächten des Erwachsenenlebens umgeht.

Die durchaus doppeldeutige Figur des tapferen Schneiderleins mit seinen schattenhaften Aspekten legt es nahe, an ihr die Fassadenhaftigkeit, die doppelte Moral und die Manipulationsneigungen des Menschen und unserer Gesellschaft darzustellen. Auch ließe sich die psychoanalytische Narzißmustheorie sehr gut auf das Märchen übertragen. Es entsprach aber meiner Vorliebe, das Märchen hauptsächlich unter dem Gesichtspunkt positiver Lebenskunst zu betrachten. Ich gestehe es mir dabei zu, daß diese Interpretation möglicherweise eine »sanfte Umdeutung« ist, wobei ich vermute, daß das Schneiderlein Verständnis dafür haben würde, ist es doch selbst mit diesem Trick bestens vertraut.

Lebenskunst möchte ich hier definieren als die Kunst, eine Einstellung zum Leben zu finden, die dessen Ganzheit, Polarität, Vielfalt und ständiger Veränderung gerecht wird und die meiste Befriedigung verschafft. Sie ist die Kunst, das Beste aus seinem Leben zu machen.

VERENA KAST · PAARE

Beziehungsphantasien oder
wie Götter sich in Menschen spiegeln
Buchreihe Symbole
177 Seiten mit vier Farbtafeln, kartoniert

»In Beziehungsphantasien, die wir vor allem in Zeiten großer Verliebtheit pflegen und auskosten, wird der Partner idealisiert, idealisieren wir aber auch die Seiten in uns, die der Partner anspricht. Diese Idealisierung entspricht dem Wesen der Liebe. Sie bewirkt, daß unsere besten Möglichkeiten entbunden werden und wir uns über unser Gewordensein hinaus verändern können.«

Diese ebenso überraschende wie neuartige These veranschaulicht Verena Kast in ihrem Buch. In den Mythen von Götterpaaren haben sich die Beziehungsphantasien der Völker niedergeschlagen, und umgekehrt spiegeln sich die Götterpaare in den Beziehungsphantasien heutiger Paare, auch wenn ihnen das nicht immer bewußt ist.

Durch den Vergleich der Mythen mit Beispielen aus der Literatur und aus der therapeutischen Praxis bringt Verena Kast Licht in die Vorgänge, die sich zwischen Verliebten abspielen.

Kreuz Verlag

PETER SCHELLENBAUM
DAS NEIN IN DER LIEBE
Abgrenzung und Hingabe in der erotischen
Beziehung
158 Seiten, kartoniert

Die uralte Erfahrung, daß Liebe in Haß umschlagen
kann und Partner, die einst miteinander glücklich
waren, sich später im Streit trennen, ist Ausgangs-
punkt für eine psychoanalytische Untersuchung der
Prozesse, die dazu führen. Schellenbaum analysiert
nicht nur, er gibt auch Auskunft, wie diese schmerzliche Entwicklung verhindert werden kann. Dem
natürlichen Impuls der Liebenden, miteinander zu
verschmelzen, steht die andere Tendenz des einzelnen entgegen, ein abgegrenztes Ich zu sein. Wird der
Wunsch nach Abgrenzung zu lange verleugnet,
äußert er sich als verstecktes Nein in der Liebe, das
sie zerstört. Um die Liebe zu erhalten, rät der Therapeut zum offenen Nein in der Liebe, das heißt zur
Bewahrung eigener Selbständigkeit in der Beziehung, die das Ja zum Partner einschließt. Die bewußt
erlebte Spannung zwischen Liebe und Abgrenzung
befähigt erst zur Hingabe an den Partner. Dabei wird
das Du zu einer immer neuen Herausforderung, die
Grenzen des eigenen Ich zu erweitern und neue
Eigenschaften zu erwerben.

Kreuz Verlag